清水宏保

JN178197

人生の金メダリストになる「準備力」

成功するルーティーンには2つのタイプがある

講談社＋α新書

まえがき――ルーティーンは人生の金メダルをつかむ「準備力」

二〇一五年、ラグビーの日本代表が歴史に残る快挙を達成しました。世界でもトップクラスの強豪である南アフリカを、ワールドカップという大舞台で下したのです。日本代表は予選リーグで敗退したものの三勝を挙げ、その戦いぶりは日本国民を熱狂させただけでなく、世界に感動を与えたといっていいでしょう。何しろ南アフリカは、この大会で三位になったのですから。

もちろん僕も、夢中になって試合中継を見ました。特に印象的だったのは、やはり五郎《ごろう》丸歩《まるあゆむ》選手がプレースキックを蹴る前に行う一連の動き、すなわちルーティーンです。初めは指を伸ばして両手を合わせる忍者のようなポーズが有名になりましたが、本人の解説もあり、それが一連の動作の一部だということが知られるようになりました。

こうしたルーティーンは、アスリートにとって非常に大事なもの。ルーティーンを行うことで、練習時と同じような精神状態になって落ち着くこともできますし、集中力を高めることも可能になります。

僕自身もルーティーンを重視してきました。自分なりのやり方で様々なルーティーンを開発してきましたが、その一つが大の字になって寝転ぶことでした。レースの三〇分ほど前、大の字に寝そべって意識を天井《てんじょう》まで持っていく。そうして自分を俯瞰的《ふかんてき》に見るのです。

このルーティーンを行うことで、自分をプレッシャーから解放することができました。実際、長野オリンピックでも、決勝直前にこの大の字ルーティーンを行い、金メダルを獲得することができました。

スポーツ界を見渡すと、数多くの選手が自分なりのルーティーンを持っています。なかでも有名なのはメジャー・リーガーのイチロー選手でしょう。バッターボックスでピッチャーと相対した際、バットを持った腕を前に突き出す動作は有名です。

あるいは毎朝、必ずカレーを食べることも話題になりました（現在は違うものを食べているようですが）。さらに、グラウンドに入るとき、走り出すとき、一歩目をどちらの足にするかまで決めていたそうです。

長野オリンピックでの金メダルの滑り(写真:ゲッティ・イメージズ)

また、大相撲の横綱・白鵬《はくほう》は、稽古場《けいこば》にいるときは常に摺《す》り足。加えて、所作動作もすべて、本場所と同じことを行っています。二〇一六年の初場所で、日本出身力士として一〇年ぶりの優勝を飾った大関・琴《こと》奨菊《しょうぎく》も、最後の仕切り前の大きく体を反らす仕草「琴バウアー」が有名です。

何かしらの行動をとることで精神をコントロールし、その結果として肉体のパフォーマンスを上げる。肉体と精神を結びつけてコントロールする。これが、ルーティーンの役割です。

ただ、僕の「大の字」やイチロー選手の「カレー」のように、ルーティーンとは、プレーに直結する動作に限ったことではありません。何か決められたことをすることによって、自分を緊張から解き放つ、あるいは集中力を高める、いわば「結果を出すための決まりごと」、それがルーティーンだといえるでしょう。

そう考えると、読者の方々も、日常生活に何かしらのルーティーンを持っているかもしれません。

たとえば、職人さんのこだわりの道具がそうでしょう。書類を書くときに使うペンを決めている、という人もいるでしょう。デスクに置く物の配置をきちっと決めている、あるいは大事な会議のときに締めるネクタイを決めている、のように、人によって様々な「無意識の」ルーティーンがあるのではないでしょうか。いわゆる勝負パンツだって、その一つだといえます。

これは、簡単にいえば「やる気スイッチ」です。「これを使うと気合が入る」「これをやっておくと安心して事に臨むことができる」——そういう行動を、たくさんの人が無意識のうちにしているはずなのです。

本書では、僕が開発し、実践してきた数々のルーティーンと、その理論を紹介していきます。しかしそれは、決して「トップアスリートの成功体験」ということだけではありません。というのも、仕事や勉強、あるいは恋愛まで、人生すべてに援用していけるからです。

僕の経験を読んで、読者の方々にもルーティーンを意識する毎日を送っていただきたい、そう思って書いたのが本書です。

しかし、「決まりごと」は、ただ漫然とやるだけでは効果が薄いと思います。その行動がルーティーンであり、どのような効果をもたらすかを意識するべき。そうすることで、「決まりごと」はさらにパワーを発揮します。そのためにこそ、僕の経験を知ってほしいと思います。

ルーティーンを仕事に活かす。あるいは日常生活をより有意義なものにするためにルーティーンを使う。本書の目的はそこにあります。そしてそれは、決して難しいものではありません。

緊張してしまいやすいという人、逆になかなか気合が入らないという人、あるいは仕事に行き詰まっている人……そういう人たちに、ルーティーンの力を学んでもらえたら幸いですし、それが、アスリートだった僕にできる世の中への貢献の一つだと考えています。

僕は幸運にもオリンピックで金メダルを手にすることができましたが、読者の方々もぜひ、人生の金メダルをつかむための「準備力」——ルーティンのばか力を体得してください。

目次◉人生の金メダリストになる「準備力」

第二章　体と心を連動させる技術

第三章 仕事に役立つルーティーン

序章　ルーティーンの原点

プレッシャーに向き合う技術

一九九八年の長野オリンピック、スピードスケート五〇〇メートルで金メダルを獲得し、世界新記録を樹立したこともある僕ですが、そのスケート人生は、常に逆境との戦いでした。

僕がスケートを始めたころには、のちにオリンピックに出場することになるなどと想像した人は、ほとんどいなかったのではないでしょうか。

「君には無理だよ」

何度、そんな言葉をぶつけられたかわかりません。

身長は一六二センチと、スケート選手としてはかなり小さい。日本人のなかでも小さいのですから、大男がたくさんいる外国人選手たちに対抗するのはまず不可能とされるサイズでした。スピードスケートの選手としては、一六二センチは、ほとんど「ありえない」身長なのです。

それどころか、僕がスピードスケートを始めたころには、「身長が一八〇センチ以上ないと世界では活躍できない」という考え方が常識になっていました。というのも、除脂肪体重すなわち体重から体脂肪を引いた重量が八〇キロないと世界レベルにはなれないというのが、日本スケート連盟が検証した結果だったからです。そのため僕は、小柄だというだけで「期待できない選手」として見放されがちだったのです。

よい成績を出すようになっても、ある人にこんなことをいわれたことがあります。

「今年の成績がよくても、来年や再来年には消えてしまうかもしれない将来性のない選手、それが清水《しみず》君なのではないかな」

関係者からも指導者からも、そんなふうに思われていた位置から、オリンピックの表彰台の頂点に——そこに至る道のりでは、自分ならではの工夫《くふう》や独自の取り組みが欠かせませんでした。それが、プレッシャーに向き合う自分なりの方法、すなわちルーティーンを開発することにもつながっていったのです。

医者の反対を押し切った父の考え

僕がスケートを始めたのは、三歳のときです。理由は、持病の喘息《ぜんそく》を克服するためでした。

体が小さかったからなのか、僕は子ども時代から体が弱かった。喘息だけでなく、アトピー性皮膚炎を患い、蓄膿症《ちくのうしょう》（慢性副鼻腔炎《ふくびこうえん》）でもありました。なかでも特にひどかったのが喘息です。

発作は時間に関係ありませんから、深夜、あるいは朝の四時や五時にも発作が起きることがありました。そして、いったん発作に襲われると、立っていることすらできないくらい苦しい。そんな僕を育ててくれた両親は、心配が絶えなかったと思います。

そんな僕に、父は体を鍛えさせました。体を鍛えることで、喘息を抑え込んでしまおうと考えたのです。

もちろん、病気持ちの僕がスポーツをすることには、反対する人も多かった。「喘息患者はスポーツをやってはいけない」とか、「喘息患者がスポーツをやっても選手としては大成しないし、命にも関わるから、すぐにやめてください」といわれたこともあります。どの病院の先生も、そういうのです。

しかも僕は、腰椎《ようつい》分離症や椎間板《ついかんばん》ヘルニアなど、腰の持病も抱えていました。スケート選手として成功するのは無理——それが医学的な見地からの、常識的な判断だったのです。

しかし父だけは、そんな常識にとらわれず、僕を励まし続けてくれました。いまは否定されても、いつか結果を出せばそれを覆《くつがえ》すことができる――父からの大切な教えです。

そんな僕は四人きょうだいの末っ子。二人の姉はアイスホッケーとスピードスケート、兄は柔道とレスリングをやっていました。父は厳しい人間で、子どもたちをスポーツで鍛えようとしたのですが、僕も、柔道、レスリング、剣道、それにサッカーと、たくさんのスポーツを経験してきました。

そんななかでスピードスケートを選んだのは、そのスピード感に魅力を感じたから。タイムによって勝ち負けが決まるので曖昧《あいまい》さがなく、成績がはっきりと出るのも僕には向いていると思いました。時間と戦うことが楽しかったのです。

きっかけは、すぐ上の姉の練習を見に行ったことでした。「あんなふうに滑るんだ」ということが頭でわかってくると、実際にやってみたくなるものです。スケート靴を履いてリンクに出て、氷の上に寝そべったり平泳ぎのように動いて遊んでいたのですが、いざ滑ってみると、最初からうまくできました。

もともと兄や姉の真似をしていたから、それが体に染み付いていたのかもしれません。その姿を見て、父も「この子にはセンスがある」と感じたようです。

いじめで学んだ自分と向き合う術

喘息をはじめとする持病はありましたが、だからこそ僕は、体に対する意識が高いのかもしれません。丁寧にケアをしながら練習することで、実力を蓄えていきました。そして、地元の北海道帯広《おびひろ》市でスケートの強豪校とされる白樺《しらかば》学園高校に入学しました。

当時の僕は、中学生としては飛びぬけたスケートの実力がありました。高校に入った時点で、先輩たちにも負けないくらいの力があったと思います。

しかし、この高校で、僕は手ひどい挫折《ざせつ》を味わうことになりました。原因は運動部にありがちないじめ、そしてシゴキです。

最初の半年間は、先輩から毎日、殴られる。朝練のときは先輩より早く練習場に行き、直立不動で待っていなければいけません。そこへ先輩がやってきて、いきなり助走つきで殴ってくるのです。そして、何ごともなかったように「いまのはいくつ？」とパンチ力を聞いてくる。まるでパンチング・マシーンです。

顔を殴るとあざになってばれるため、顔以外を狙ってくるのも悪質でした。太ももを蹴られたり、腕を上げたまま三時間も正座をさせられたことすらあります。

そんなことをしても強くはなれません。根性を養うのであれば、そんな方法ではなく、トレーニングでやればいい。先輩からいじめられても、スケートには何の意味もないのです。しかし、そういうことに耐えるのが、多くの日本の運動部の悪《あ》しき伝統になっていました。

「もう死にたい」

そんなことをいう同級生もいました。僕も、何度もやめたいと思いました。何しろ、僕は先輩たちの「標的」にされやすかったのです。強豪校だけにレギュラー争いも激しいですから、有望な新入生である僕を、シーズン入りする前に潰してしまおうと思ったのかもしれません。

そんなスケート部で一人、いじめやシゴキに加わらず、黙々とトレーニングをしていた先輩もいました。それが、のちにリレハンメルオリンピックの五〇〇メートルで銅メダルを獲得する、二学年上の堀井学《ほりいまなぶ》さんでした。当時の僕は、堀井さんから見ても「かわいそうなくらいやられていた」そうです。

そういう生活のなか、僕の反骨心はどんどん大きくなっていきました。部活では嫌な思いをしましたが、スケートが好きだという思いは変わりません。

あるとき母にあざだらけの体を見られ、泣きながら「学校にも、お父さんにも、このことを知らせる。スケートもやめさせる」といわれたことがあります。

でも、僕は絶対にやめたくないと思うようになっていました。やめたらそこで負けが決まってしまうと思ったのです。先輩のシゴキに遭うのはシーズン入りするまで。レースが始まったら、先輩たちに何もさせないくらいの力を発揮する自信がありました。「レースになったら見返してやる」という思いも……。

だから僕は、父にも学校にも知らせず、闘志と反骨心をたぎらせて、しかし黙々と、シーズン入りを待っていました。思えばこの頃から、僕は自分の精神状態と向き合うことを覚えていったのかもしれません。

緊張するための練習とは何か

僕が現役時代に行っていたルーティーンは、一朝一夕《いっちょういっせき》にでき上がったものではありません。試行錯誤《しこうさくご》のなかで自分に合うものを見つけ、開発していったのです。

そもそも僕の現役時代、ルーティーンという言葉は、あまりポピュラーなものではありませんでした。スポーツとメンタルの関係も、いまほど知られているわけではなく、大事なときに勝てない選手は「気持ちが弱い」「ノミの心臓」と呼ばれるだけ。どうすれば緊張から解放されるのか、どのように集中力を高めるのかについては、自分で考えていくしかなかったのです。

そういう時代でも、僕には実感がありました。普段の練習で、「今日はいいトレーニングができたな」「ハードに追い込むことができたな」と感じたときは、しっかり順序だてて、緊張感を持ってやれた場合だったのです。

言い換えるなら、与えられたメニューをあわただしくこなすのではなく、一つ一つのメニューに対してしっかりと丁寧に取り組む、ということです。

スポーツの世界では、「試合は練習のようにやれ、練習は試合のようにやれ」といわれます。試合になると、緊張することは避けられません。だからこそ、練習も試合同様の緊張感を維持して行うことで、試合で味わう緊張に慣れておくことが大事なのです。ただメニューをこなすだけの練習では、この緊張から遠ざかってしまい、試合であわててしまうことになりかねません。

普段の練習に緊張感を与えることは、中身の濃い練習にもつながります。では、そのためにはどうすればいいか……僕はそこにも決まりごと、すなわちルーティーンを導入しました。

たとえば、スケートで一〇〇メートルを一〇本滑るという練習メニューがあったとします。ここでよくあるのが、「とにかく一〇本滑りさえすればいいんだ」と、流れ作業のように滑ってしまうパターンです。

しかしそれでは、試合での緊張感とはほど遠い練習になってしまいます。レース独特の、スタート時の緊張感がないのです。そこで僕は、スターターに頼んで、一〇本すべてで、一呼吸、間を空けることにしました。

「用意ドン」ではなく、「用意……ドン！」と、わざと時間をためるのです。

レース時に最も緊張するのは、スタートの瞬間です。それと同じ状況、「用意」から「ドン」までにあるわずかな時間の緊張を、練習でも再現したわけです。時には、スタートのときにカウントダウンをしてもらい、緊張を高める練習もしていました。

こうして普段の練習から緊張する経験をしておかないと、試合での緊張に対処できない。これは試合で緊張をほぐすためのルーティーンではなく、練習用の「緊張するためのルーティーン」でした。

緊張をほぐす練習をするためには、緊張しなければならない。そう、自分を緊張させるためのトレーニングも必要なのです。

一本だけでも全力を出す効用

本番と同じ練習をするという意味では、僕はハードに追い込むメニューを意識的にやっていました。

その一つが、「四〇秒マックス」「九〇秒マックス」という練習方法です。これは、四〇秒や九〇秒などと決められた時間のなかで全力を出し切る練習。ただし、たくさん数をこなせばいいというわけではありません。

というのも、全力を出す、つまり自分の力を極限まで出し切るというのは、なかなかできるものではありません。何本もやろうとしても、肉体も集中力もついてこなくて当たり前です。

そこで「量」に気持ちが行くと、一本ごとの中身が薄いものになってしまう。全力を出したつもりでも、そうなっていないことがあるのです。

そのため僕は、この練習の際には、「一本だけでいいから全力を出し切ろう」と決めていました。いたずらに練習を重ねるのではなく「この一本」に集中するわけです。

それも、一日に一本というわけではありません。週に一本でもいいのです。とにかく一本だけは全力で、試合に近い状態で、集中力を限界まで高める。そのことで、「こなすだけの練習」を避け、「試合に活きる練習」ができたと思います。

こういう練習の取り組み方は、子どもたちを指導するときにも役立ちます。高校生くらいまでの年代だと、トップアスリートとは違って能力はバラバラ。集中力にも個々の差が大きくあります。与えられたメニューはやるけれど、自発的に「中身の濃い練習をやろう」と考える子は多くありません。

そういうときに「一本だけ」が効果的なのです。四〇〇メートルを一〇本滑るという練習をするときに、「どこでもいいから、一本だけ最高のタイムを狙おう」と伝える。そうすると、子どもたちはその一本に集中するようになり、目つきが変わってきます。試合に近い精神状態で練習に取り組むようになるのです。

子どもたちへの指導では、最高のタイムを狙わせるだけでなく、指定ラップを与えることもあります。「四〇秒フラットから四〇秒五、コンマ五秒のあいだでまとめてみて」と指示するのです。そうすると、単に一生懸命やるだけでなく、時間感覚が生まれる。そのことが集中力を高めることに役立つのです。

漫然と一〇本やろうとすると、どうしても一〇本トータルで考え、平均して体力を使うようになってしまいます。まして人間には、一〇本すべて全力でやれるほど集中力の持続性はありません。

ですから「一本だけ」に集中することは大事ですし、そこで極限の集中力を発揮しておくことで、本番に強い精神力も身に付くのだと思います。

父が超えようとした親子の関係

いい結果を出すためには、ハードな練習が欠かせません。だから当然、練習に行くのが憂鬱《ゆううつ》になるときもあります。ただ僕は、練習が厳しいからスケートをやめようと思ったことは、一度もありませんでした。

それは、子どものころから父に厳しく鍛えられたおかげだと思っています。

登校前にはランニングと縄跳びをするのが日課でした。しかもそれは、通常のスケートの練習以外のメニュー。週に三回、ローラースケートで滑る朝練があり、それに加えてランニングや縄跳びもするのです。起きるのは毎朝五時でした。

学校が終わればまた練習。しかも僕は子ども時代、勉強が苦手だったので塾にも通っていました。父は努力家で、ろくに学校も出ていないようなところから、独学で建築士の資格を取得した人です。自分と同じ努力を子どもたちにも求めたので、当たり前のように厳しい子育てになりました。

もちろんサボりたくなることもありましたが、サボって損をするのは自分自身です。練習で手を抜くと、当然ながら試合結果に響いてくる。それが嫌で、僕は練習で手を抜かないクセが付きました。きつい練習をすることよりも、負けることのほうが、ずっと嫌だったのです。

父の厳しさは、食事にも及んでいました。小柄な体格を補うため、栄養についてもこだわらなくてはいけない。コーラなどジュースの類いは絶対禁止。体質改善のため、クマザサの新芽やキャベツの青葉を採ってきて青汁のような飲み物を作り、それを飲まされました。母が豆から煮込んで作った豆乳も定番。これらは僕のためだけでなく、若くして癌《がん》を患った父のためでもありました。

好きなだけジュースやピザを口にしていいといわれたのは、父が入院していた病院にお見舞いにいったとき。実はそれが、最後のお見舞いになりました……。

そんな父の期待に応えるため、父が亡くなった日も、僕は通夜に出席せず、トレーニングに励んでいました。

父からは、ある日、「今日からお前を『清水』と呼ぶ」といわれたこともあります。それまでは、普通に「ヒロ」とか「宏保《ひろやす》」と呼ばれていたので、どうしてそんなことをするのか不思議でした。が、あとになって、そこに父の強い想いが込められていたことを、母から聞かされました。

「ヒロ」と呼んでいては、父と息子以上の関係にはなれない。ついつい甘くなってしまい、厳しい練習をさせることができなくなるかもしれない。だから、他人のように「清水」と呼ぶことで、父は親子の関係ではなく、「指導者と選手の関係」を作ろうとしたのです。父はそれくらい、スケート選手としての僕に期待してくれていたということです。

苦しい練習が当然に思えた理由

繰り返しになりますが、身長が低く喘息の持病があった僕は、誰からも期待されていませんでした。「どうせ清水は無理だろう」と思われ続けてきたのです。そんな僕に、父だけは期待をかけてくれた……。

厳しく育てながらも、父は僕を励まし続けてくれましたし、仕事が忙しくないときには犬の散歩がてらランニングにも付き合ってくれました。年をとって体調が悪くなると、自転車、バイク、あるいは車での伴走になりましたが、そうやって熱心に練習に付き合ってくれる父ではあったのです。

もちろん、煩《わずら》わしく思った時期もありました。しかし結果的には、苦しい練習も当たり前のことと思えるようになったのだと思います。

そんな父は五七歳で亡くなってしまいました。あまりにも早い死でした。そして、父の死をきっかけに、僕は自分の人生について改めて考えることになりました。

好きで始めたスケートですが、道具を調整したり、トレーニングのメニューを考えたり、調整スケジュールを作ったり、こうしたことは、すべて父がやってくれていました。僕はそれに従って、ただ頑張るだけ。しかしこれからは、自分の力でやっていかなければなりません。

自分は本当の意味で自分の意思でスケートをしていたのだろうか。そんな疑問も持つようになりました。一時は、経済的なことも考えて、スケートをやめて競輪選手になろうとしたこともあります。

そうやって悩んだからこそ、僕は練習法やルーティーンについて独自に考え、「準備力」を身に付けるようになったのだと思います。ですから、日本大学に進学するのも、世界という舞台においてスケートで勝つという目標も、自分の頭で考えて決めました。

父を失い、与えられた練習メニューをこなすだけではなく、僕は自分自身で真剣に考えるようになりました。そして、いいと思ったことを自分なりにアレンジしていくことを覚えたのです。

父を亡くしたいま、スケートの話を抜きに、ゆっくりお酒を飲んでみたかったと、しみじみ思うようになりました。これも僕のなかの真実です。

二種類あるルーティーン

さて、次の第一章から、僕が現役時代に実践してきたルーティーンについて細かく解説していきたいと思いますが、その前に読者の方々に本書の前提をお伝えしておきましょう。

――本書で述べるルーティーンには二つの種類がある、ということです。

一つは「ここ一番のルーティーン」です。これは、試合の前、あるいは試合中の大事な場面で「動作」として行うもの。パフォーマンスをともなったルーティーンです。僕の場合でいえば、代表的なものが、長野オリンピックの本番を前に行った「大の字」ルーティーン。五郎丸選手がプレースキックの前に行うルーティーンも、これに当たります。何か決まった動作をすることによって、気合を入れたり、集中力を高めたり、あるいはリラックスしたりと、肉体を操作し精神状態をコントロールするのが、その目的です。

一般の方でいうなら、「勝負ネクタイ」などが、この「ここ一番のルーティーン」になります。

もう一種類のルーティーンは、「日常のルーティーン」です。これについては本書の後半で詳しく説明していきますが、簡単にいうと、普段の生活のなかでの習慣づけです。

たとえば「朝起きたらすぐに筋トレをやる」でもいいですし、「健康のために週に二日は晩酌《ばんしゃく》をやめて『休肝日』にする」といったことなど。自分にとってプラスになる行動を習慣、すなわちルーティーンにしていくのです。

この「ここ一番のルーティーン」と「日常のルーティーン」は、一見すると別もののようですが、実際には深い部分で共通しています。

というのは、試合前や試合中の動作としてのルーティーンも、ただその場でやっているだけ、そのポーズをとっているだけではありません。普段の練習から何度となく繰り返して行うことで身に付けるものですし、そうやって体の奥底までなじませているからこそ、いざというときに効果を発揮するのです。

付け焼き刃のルーティーンは、そもそもルーティーンとはいえませんし、それでは極度の緊張感に襲われる「ここ一番」で使えるものにはなりません。日々の繰り返しがあってこそ、「ここ一番」で使えるものになるのです。

そして、この日々の繰り返しとは、練習というアスリートにとっての日常の習慣づけにほかなりません。そういう意味で、一般の方の「休肝日を作る」といった習慣づけと、アスリートのルーティーンは、ベースが同じなのだといってもいいでしょう。

ルーティーンは、仕事のなかにも活かすことができます。ぜひ本書を読んで、自分なりのルーティーンを確立していただきたいと思います。

ただルーティーンを確立するためには、日々の積み重ねが必要です。そのための、いわば「ルーティーンの基礎」を築きやすくしてくれるのが、「日常のルーティーン」なのです。

「日常のルーティーン」に慣れていけば「ここ一番のルーティーン」を身に付けやすくなります。

二種類のルーティーンを理解することで、みなさんも「ルーティーンのばか力」を発揮できるようになるはず。これこそが人生の金メダリストになるための「準備力」です。

第一章　自分の精神状態と向き合う方法

「心技体」ではなく「体技心」

さて、ルーティーンというと、一般的には「精神統一」のようなものをイメージするかもしれません。確かにそれも間違いではないのですが、大事なのは、体の動きや行動をもって心をコントロールする、ということです。

スポーツの世界でメンタルが重視されるようになったのはいいことなのですが、だからといって「緊張感から解放されれば勝てる」「集中力さえ強化すれば結果が出る」とばかり考えてはいけないと思うのです。

緊張感から自由になり、集中して強くなれるのは、地道な練習によって蓄えた実力があればこそ。その順番を間違えてはいけません。ルーティーンも、地力があって初めて活きるもののはずです。

これは、どんな仕事にも同じことがいえるでしょう。毎日の努力で蓄えた力がまずあり、それを最大限に引き出すためにこそ、ルーティーンを活用してほしいのです。

スポーツの世界では、よく「心技体」という言葉が使われますが、僕は順番が違うと思っています。本来は「体技心」の順番なのです。

しかし現在は、体よりも心や技が先行しがちになっています。トレーニングが欧米化していくなか、技術的な要素が強まっているということもあるでしょう。また、日本人アスリートはフィジカルで海外の選手に劣るためか、そもそも「業師《わざし》」のような存在を志向しがちでもあるのではないでしょうか。

もちろん、海外の選手にはない技術を磨くのも大切なことではあります。しかし、まず鍛えるべきは体です。しっかりとした肉体と体力を作っておかないと、技を磨くための反復練習だって十分にはできません。練習のなかで体力が切れれば、集中力だって失われてしまいます。

体力があるからこそ、いい練習ができる。いい練習をすると、技術が身に付く。技術を身に付けると、それが自信になって心が仕上がっていく。アスリートにとって大事なのは、この順番です。

二〇一五年のワールドカップで大きなインパクトを残したラグビーの日本代表は、長期間の合宿で、早朝から徹底的にフィジカル練習を重ね、フィットネスを獲得したことで知られています。こうして体の大きな外国人選手に負けないだけの体力やスタミナを作り上げたのです。

ワールドカップ開催中の五郎丸歩選手のインタビューが、それを物語っています。

「パワー系の練習で持ち上げるバーベルの重さはスーパーラグビー（世界最高峰のラグビーリーグ）のチームの平均値と同じくらいですが、走りを含めたフィットネスは、日本が最高だったと思います」

だからこそ、南アフリカにも勝つことができた。「体技心」を実践していたわけです。

逆に、過去の日本ラグビーでは「日本人ならではの特長を活かす」ことをテーマに、細かい技や戦術にこだわり過ぎていたと聞いたことがあります。それを、ヘッドコーチ（当時）のエディー・ジョーンズ氏が逆転させたわけです。

そのジョーンズ氏も、日本人ならではの強みを意識してはいました。それは、ハードな練習にもへこたれない、あきらめずにやり抜く精神だったそうです。そう、「心」を「体」の強化のために活かしたのです。

「体」で変わった琴奨菊

二〇一六年のスポーツ界における大きな話題といえば、大相撲初場所での琴奨菊《ことしょうぎく》の初優勝が挙げられるでしょう。

大関昇進から実に四年あまり……何度もカド番という危機を迎えながら、ついにつかんだ優勝は、実に感動的なものでした。そんな優勝劇の背景には、フィジカルの強化があったそうです。

『文藝春秋』二〇一六年四月号の記事によると、琴奨菊は優勝の半年ほど前から、専門のトレーナーを付けてフィジカルの強化に取り組んできたといいます。

「大関にもなったような力士が、いまさら肉体を強化するのか」――そう思う人がいるかもしれませんが、トップ選手でも、いやトップ選手だからこそ、自分の肉体を見直し、鍛え直すことには意味があります。

琴奨菊は、高校時代に七冠を獲得したほど才能に恵まれた力士。技術的な面や、得意とする勝ちパターン、いわゆる「相撲の型」は、高校時代、すでに完成形になっていたともいいます。

だからこそ、その「相撲の型」を一〇〇パーセント活かすために、フィジカルを鍛え直したということなのです。「心技体」でいえば「技」はできあがっているから、「体」の優先順位を上げて「体技心」にした、ということでしょう。

琴奨菊が特に重視したのは、スタミナだそうです。がぶって寄るときに、それまでは一五秒しか力が出せなかったところを、フィジカルトレーニングによって三〇秒、あるいは一分と、全力で相撲がとれるような体力を付ける。そうすれば粘り強く「自分の型」で相撲ができますし、相手に対する圧力も増していきます。

また、このスタミナには「一場所通しての体力」という意味もあります。大相撲の本場所は一五日連続で行われるもの。体力のある前半に勝てても、終盤に疲れが溜まってくると勝てなくなる、ということもあります。

かつての琴奨菊もこのタイプで、場所の後半、優勝戦線に絡んでいこうとするところでスタミナ切れを起こしてしまいました。しかし、トレーニングの結果スタミナが付き、厳しい取組が続く後半戦でも、いい相撲をとることができるようになったのです。

そうして「体」のレベルが上がり、自信を持って相撲に臨むことができるようになったことで、「技」も活きてくるし「これなら勝てる」と「心」の充実にもつながりました。琴奨菊は、まさに「体技心」で初優勝をつかんだのだといえるでしょう。

ボクサーが拳を軽く握る理由

ルーティーンの主な目的の一つは、緊張をほぐすことです。緊張状態になると、体がこわばってしまいます。そこでルーティーンでは、頭で「落ち着け、落ち着け」と考えるだけではなく、一定の動作を行うことによって緊張をほぐし、落ち着きを得ようとするのです。

詳しくは第二章で述べていきますが、体の動きが精神面に作用するのは、神経が全身に行き渡ってつながっており、その刺激が脳に届くからです。

たとえば「よし、頑張ろう」と思って拳を強く握ってしまうと、かえって動きが硬くなってしまいます。ですからボクサーは、拳を固く握り込むのはパンチを当てる瞬間のみ。それ以外の場面では軽く握っているだけだといいます。そうすることで、スピーディで柔らかい動きができるのです。

体のどこか一部だけでも緩めてリラックスさせてあげれば、それは全身の神経にも伝わり、脳にも届く。ですから指先をリラックスさせることも、脳、つまり心をリラックスさせる効果があります。実際に僕が大の字ルーティーンを行うときには、手をリラックスさせることも大事なポイントでした。

リラックスさせるのは、指先だけとは限りません。表情筋をリラックスさせるのも効果的です。顔がリラックスしていれば自然と落ち着いた表情になりますから、ライバルたちにとってはポーカーフェイスにも見えます。つまり、それだけ相手にとって感情が読み取れない不気味な表情を作ることができるのです。

もちろん、大の字になったからといって、すぐに指先がリラックスするというわけではありません。表情筋をコントロールするのも難しい。大の字になって指先をリラックスさせ、意識を自分の体を俯瞰する位置まで上げていくのも、表情筋を緩めてポーカーフェイスになるのも、練習して、徐々に完成度を高めていったのです。

最初は「ほぐれてるよ～」「脱力してるよ～」など、言葉で自分を誘導していきました。ルーティーンは、単なる「ポーズ」ではありませんから、こうして練習していくことも重要なのです。

一歩目だけを意識するのはなぜか

五郎丸歩選手の著書『不動の魂』によると、プレースキックを蹴る際には、実は何も考えていないのだそうです。頭にあるのはルーティーンをしっかり守ることだけ。ルーティーンの最中は、ルーティーンだけに集中して、「あとは、キックが外れようが入ろうがカンケーない」という気持ちなのだとか。

僕も同じでした。ルーティーンはいい結果を出すために行うものなのですが、だからといって試合のことばかり考えていては、かえってプレッシャーが大きくなってしまいます。

ルーティーンのときだけは試合のことを忘れてもいい。そういう感覚のほうが、ルーティーンはうまくいきます。脱線するからこそ、いい結果を得られるというわけです。

会場入りしてから試合を終えるまで、五時間あるとしましょう。そのあいだ、選手はウォーミングアップをしたり、作戦を確認したり、常に頭のなかが試合のことでいっぱいになっています。そういうなかで、ルーティーンに使うわずかな時間だけ試合のことを忘れても、まったく問題はありません。

その程度の脱線で作戦などが頭から抜けてしまうようでは、そもそも普段からの準備ができていないということです。

五郎丸選手は、キックの際に「これが決まれば逆転だ」などとは考えていないのです。僕も一緒で、いざ試合というときには、「ここで世界記録を絶対に出そう」とか、「一回目の結果からすると、次は○○秒で滑れば優勝だ」とか、そんなことはこれっぽっちも考えませんでした。

長野オリンピックでも、タイムのことは意識しませんでしたし、周りからいわれるのも嫌でした。ベストなパフォーマンスをすれば優勝できる――ただ、それだけを考えていたのです。

というのも、「絶対に勝つぞ」と意識して勝てるのなら、それに越したことはないのですが、人間の精神はそこまで強くありません。勝つことを意識すればするほど緊張してしまうものなのです。だからこそ、ルーティーンに没頭するのです。

狙ったタイムどおりに滑ることができるのは、体力的にピークにある時期だけです。つまり、長い選手生活のほんの一部分だけ。三〇歳に近くなってくると、狙いどおりのタイムを出すのは難しくなってきます。それを見越して、あえて結果を意識しないという考え方を身に付けておく必要もあるのです。

スタートでも、意識するのは一歩目のことだけ。勝つことではなく、一歩目をいかにうまく運ぶかに集中していたのです。少し考えたときでも、せいぜい二〜三歩目までで、距離にすれば二〇メートルくらい。五〇〇メートルのレースなら、残りの四八〇メートルは、体が勝手に動くのにまかせるのです。

一歩目がうまくいけば、自然に体が動く、つまり意識しなくても、普段のトレーニングの成果が出てくるのです。

一歩目がうまくいかないと、そこで修正が必要になります。その分、コンマ何秒か、タイムをロスしてしまう。そうならないことだけを考えてレースに臨んでいました。

勝負にはもちろん勝ちたい。しかし、それだけにこだわっていては、むしろ勝てない。いったん勝負のこと、結果のことを忘れて、目の前のやるべきことに集中する。そうすると、自然に結果が付いてくる。そういったことは、スポーツの世界だけに限らないと思います。

自分の映像を見なかったわけ

ルーティーンには、決まったお手本はありません。誰かがやっていることの真似をしても、それが自分に合うかどうかはわからないのです。大事なのは、あくまで自分の感覚。

「自分はこうすれば緊張がほぐれる」

「このやり方なら調子がいいと感じられる」

そういう自分なりの感覚が大事なのです。それはルーティーンだけでなく、スポーツにおける動き全体にいえることだと思います。

もちろん最低限の基本を身に付けるのは当然なのですが、最終的に頼りになるのは自分の感覚であり、「教科書どおり」がすべて正しいとはいえません。

というのも、背の高さ、体重、骨格や筋肉の付き方などは人それぞれで違いますし、「これが正解」という型にこだわりすぎると、自分の特長を消してしまうことにもなるからです。

僕は現役時代、自分が滑っている映像をほとんど見ませんでした。それは、自分の感覚と誤差が出てしまう危険性があるからです。

たとえば、スタートの際のヒザの角度。自分にとって最適だと思うヒザの曲げ方の感覚があって、それでいいタイムが出ているなら、感覚のほうこそ大事にすべきなのです。しかし映像を見て、「あれ、自分で思っていたよりヒザが曲がっているな」と思ってしまうと、そのイメージに感覚が引っ張られてしまいます。そうして無意識のうちに、ベストな状態よりもヒザを曲げてしまう……。

ただ、映像は悪くなっていることの修正には役立つでしょう。スタートのヒザの角度がどうもしっくりこない、いつもと違ってしまっていると感じたときに、いい結果を出していたときの映像と見比べれば、どうすればいいかがわかります。

ここで注意しなければいけないのは、「いい結果を出していたときの映像」をいつのものにするかです。

以前、あるプロ野球のピッチャーが、「一番よかったときの自分のピッチングフォームを取り戻したい」と、甲子園で活躍していた時期のビデオを見ているという話を聞きました。しかし、プロ入りしてからは高校時代より筋肉量が増えているはずですし、それにともなって体重もアップしているはず。身長だって伸びているかもしれません。また、その後、負傷箇所を抱えてしまった、などということもあるでしょう。

そういう肉体的な変化を考慮せずに高校時代の映像を見ても、あまり役には立たないのではないでしょうか。

映像を見るのなら、そのときの自分の肉体に近い状況のものから探すべきです。

また、映像はあくまで平面であり、しかも、ある動作の一部分を映し出したものでしかありません。横からだけでなく上から、あるいは後ろからの映像まで、すべてチェックするという選手はなかなかいないでしょう。

それなのに映像を頼りにしてしまうと、そこでズレが生じる可能性があります。そういう考えもあって、僕は、映像よりも自分の感覚を大事にしていたのです。

ハードな練習は何曜日にすべきか

トレーニングに関しては、内容だけでなくスケジュールも大事にしていました。練習メニューを組み立てるうえで、質の高い、ハードな練習を何曜日にやるかというのもポイント。それを軸にして、ほかの曜日のメニューを決めていくのです。

僕は、ハードな練習を火曜日か土曜日に行い、日曜日を休みにしていました。土曜日にハードな練習をするのは、翌日の日曜に体を休めることができるから。その前に体力を使い切っておくわけです。火曜日は、日曜に休み、月曜から練習を再開して体を慣らしたところで追い込むという理由です。

またシーズン中は海外遠征が続きますから、時差ボケを考慮しながらスケジュールを立てることも重要になります。単に規則正しい生活をしているだけでは、時差で練習や生活のサイクルがずれていってしまうのです。

何度も海外遠征をしてきたことで、二〇代前半くらいで時差ボケの感覚がつかめてきました。僕の場合、海外に出て一〜二週目は調子が悪いのです。現地に着いたばかりのときは大丈夫なのですが、七日目、あるいは一四日目あたりで、ガクッと疲れが出てしまう。

そして三週目になると、コンディションが万全に戻ります。

それがわかってからは、海外での試合では三週間前に現地入りするようにしていました。それも試合のための決まりごと、ルーティーンだったのです。

このように、自分の体を知ること、体が発する声に耳を傾けることは非常に重要です。そのことで、対処する方法もわかってきますから。

「なんとなく体の調子が悪いな」と思っていたら、実は、その原因がアレルギーだったということもありますから、検査しておくこともお勧めします。かくいう僕は猫アレルギーなのですが、検査してみると、その原因は猫の毛ではなく、フケであることがわかりました……。

原因がわかれば、それを防ぐことも可能になるでしょう。アレルギーの場合でも、原因が猫の毛とフケとでは、使うべき薬も変わってきます。また同じ効能の薬でも、メーカーによって効くタイミングなどが違うこともありますから、自分に合った薬を選ぶことも大事です。

アレルギーはパッチテストもできますが、血液検査ならより厳密に診断できます。僕も現役時代ほどにはこだわらなくなってきましたが、それでも体のケアには敏感なほうだと思います。自分のデータをたくさん持っておけば対処もしやすいわけですから、それは取りも直さず安心材料を持っていることになるのです。

スポーツとメディカルの連動性

僕は子どもの頃から体が弱く病気がちだったため、常に薬を服用してきました。特に苦しんだのが喘息です。

喘息に効果を発揮するのは麻黄《まおう》という生薬《しょうやく》なのですが、この麻黄とは、ドーピング検査で禁止薬物とされているエフェドリンのこと……ですから、現役時代は喘息の症状を抑えるために薬を飲みつつも、最も効果的な麻黄を摂取することは避けなければなりませんでした。そういう面でも、僕はほかの選手より、自分の体と向き合う意識が高かったのだと思います。

喘息の患者が使う気管支拡張剤が、ドーピングに使われたこともあります。これは喘息で苦しくなった呼吸を和《やわ》らげてくれるものなのですが、「呼吸が楽になる」ことはスポーツにとってもメリットがあるため、喘息の患者ではない選手も「喘息だ」ということにして、気管支拡張剤を使用することがあったのです。

そのため僕の現役時代、気管支拡張剤を使用するためには、喘息の患者であることを正式に証明する書類を提出することが義務づけられることになりました。

しかしこれは、本当に厳しい経験でした。喘息であることを証明するためには、喘息の症状を出さなければならないのです。普段は薬などで抑えている症状を、わざと出さなければいけない……これ以上の苦痛はありませんでした。

加えて喘息の症状が出ると、せっかく鍛えた心肺機能が、いったん衰えてしまうことにもなります。喘息の症状を出して、気管支拡張剤を使う許可を得る。そのうえで再度、一から心肺機能を鍛え上げていく……。それをシーズンごとにやらなければならないのですから、アスリートとしての大きなハンディキャップとなりました。

もともと体が小さいうえに、こうしたハードルも乗り越え、屈強な外国人選手に勝つ、それにはどうすればいいか——そう考え続けた経験が、僕をルーティーン確立へと導いてくれたのかもしれません。

ちなみにドーピングに関していうと、僕は「外国選手はやっていて当たり前」というくらいの気持ちでいました。海外、とりわけヨーロッパでは、隣り合わせていた旧共産圏の影響もあり、禁止薬物の使用が根深く広がっているのではないかという疑惑もあります。

また、スポーツとメディカルの世界の結び付きも深い。これにはプラスの面もあって、たとえば日本のスポーツ界が「ケガをしたらどう治すか」というレベルだった時代から、海外では「いかにケガをしないか」や「疲労回復のためになにをするか」について、ドクターのサポートでしっかり取り組んでいました。

言い方を換えれば、日本はスポーツとメディカルの連動性が薄い、いわば後進国だったがゆえに、薬物も広まらなかった、ということもあるのでしょう。そうした環境の違いも頭に入れながら、僕は勝つための努力を重ねてきました。

わざと練習不足で臨む効用

このように、僕は様々なことに気を配り、意識することで自分を作り上げていきました。トレーニングでは、スケート自体やウェイトトレーニングといった基本的なこと以外に、たくさんの方法を試しています。

まず、俊敏性を高めるために、ハンドボールを取り入れました。

ハンドボールは激しい動きが続くため、高い心拍数を維持できるというメリットがあります。しかも、スケートでは足を横に運ぶ動きが大事なのですが、それもハンドボールで鍛えることができる。人間の日常の動き、ほかのスポーツでの動きは前後が基本で、横の動きは少ない。その点、ハンドボールは横の動きも多いので、いいトレーニングになりました。こうして、瞬間的に三六〇度動けるような体を作っていったのです。

普段とは違う練習をすると、神経系のトレーニングにもなります。スポーツ選手のなかには、神経系を意識して、食事のときに左手（利《き》き手とは逆の手）でお箸《はし》を持つ人もたくさんいます。

練習では、スキーも取り入れました。僕のスケートでのターンは、スキーで感覚をつかんでいったものです。ゴルフの石川遼《いしかわりょう》選手はクロスカントリー・スキーをトレーニングに取り入れていますが、これはベーストレーニングとしてやっているものでしょう。

ゴルフは瞬発力が重要な競技ですから、クロスカントリー・スキーでスタミナを養ってもあまり意味がないと思われるかもしれません。しかし、ベーストレーニングでしっかり体力をつけておかなければ、瞬発力を養うトレーニングを十分にすることもできません。まずは基礎体力を付けておくことが大事なのです。

また、僕は中学生のときにはミニバイクに、そして大学生のときにはレーシングカートに乗って、コーナーワークを磨きました。スピード感覚や体重移動の技術を身に付けるためです。

こうしたトレーニングには、「目先を変える」という意味もあります。普段と違う練習が神経や脳へのいい刺激になりますし、飽きずに練習することができるのです。アスリートといえども、毎日同じようなトレーニングばかりしていては、やはり飽きてしまうものなのです。

また、国内にライバルがいなかった時期には、いつもと違う感覚を味わうため、わざと不十分な調整で試合に臨んだこともありました。

「これで本当に結果が出せるのだろうか？」

そんな不安な気持ちになるのですが、それもまた脳への刺激です。

国内で不安を感じる経験を積んでおけば、海外での試合で不安になった場合の「予行演習」にもなります。もちろん、ほかの選手たちはそれを知りません。自分のなかだけの戦いです。そういう我慢もまた、刺激として活かすようにしていました。

目先を変えてみる、いつもと違うことをしてみるというのは、働いている人たちにもお勧めです。時間があるときには自転車で通勤してみる。いつもとは違う路線、違う道を使って通勤する。お昼に外食するのではなく、お弁当を作って持っていく。そういうことでも自分に変化が現れます。

午前中にしている仕事と午後にしている仕事を入れ替えてみるというのもいいかもしれません。小さなことでもいいので、それまでの自分を変えてみる。そのことで脳が刺激され、フレッシュな気分で仕事に臨めるのではないでしょうか。

外国人に勝つために必要なこと

小さな体、そして喘息……僕の選手生活は、逆境からスタートしています。ただ、そういうハンデがあったからこそ、「どうやったら勝てるのか？」を深く考えましたし、喘息だからこそ、生活の細かい部分に気を配ることができ、それが自分の全身を意識することにつながりました。

そう考えると、人間には弱さも必要なのではないでしょうか。弱いからこそ見えてくるものがある、と言い換えてもいいでしょう。

何もかもが万全で自信を持ち過ぎてしまうと、大事なものを見落としてしまうかもしれない。弱い自分を自覚していれば、それだけ細かく気を配って、準備することもできるのです。

僕はほかの選手たちに比べて体格や病気のハンデがありましたが、そもそも日本人選手全体がハンデを課せられているともいえます。骨格や筋肉、そこから生まれる筋力全体については、日本人はどうしても、欧米系やアフリカ系の人より劣っています。

ただ、それを前提に考えれば、見えてくるものもあります。

外国人は体が強いですから、持っている長所を発揮するだけで勝てるという面があります。いってみれば「素材勝負」。一方、日本人は練習内容一つとっても、目配りや気配りが必要です。ただ、逆にいえば、そこに逆転のチャンスがあるのです。

体の強い外国人に対抗するためには、日本人は、体が持っているポテンシャルをすべて発揮しなければなりません。体のすみずみまで気を配り、外国人が能力の七〇パーセントを使っているところに、一〇〇パーセントを使い切ることで、初めて勝つ可能性が出てきます。

実は、人間は、スポーツでも日常生活でも、その肉体的能力のすべてを使い切っているわけではありません。

たとえば、人間の基本的な動きである「歩く」という動作。歩くときには踵《かかと》から地面に着けて、足の裏全体を使い、最後に爪先《つまさき》でしっかり地面をつかむようにすると効率がよく、前進する力が高まります。しかし、普段そこまで意識して歩いている人はほとんどいないでしょう。

また、「火事場のばか力」という言葉がありますが、普段はとても動かせないようなグランドピアノを、火事になった自宅から二人だけで運び出した、などという話はたくさん聞きます。実は人間の体は、こうした本当の危機に備えて、普段は一〇〇パーセントの力が発揮できないよう、「安全装置」のようなものが掛かっているのです。

そこでスポーツでは、その「安全装置」を外し、肉体のパフォーマンスを最高点まで引き上げてやるのです。そうして体の細部まで意識が及ぶようになり、潜在能力を発揮できれば、フィジカルの差は十分に逆転できます。

そして、この細部へのこだわりこそ、日本人の強みだとも思うのです。

これは、フィジカルの差を技術で補うということではありません。細部への意識でフィジカルを高め、潜在能力を発揮するということですので、注意してください。フィジカルを高めることを放棄してしまっては、やはり外国人には勝てません。

また、日本は畳文化の国です。家では靴を脱ぐ文化がありますから、足の裏の感覚はもともと欧米人より鋭敏。このように、ちょっと見てみただけでも、いろいろなところに強くなるためのヒントがころがっているのです。

弱い部分をあえて見せると

僕が目指していたのは、いうまでもなくオリンピックや世界選手権で勝つことです。様々な試行錯誤も、そのためにありました。逆にいうと、そこまでの過程では、弱い自分を人にさらけ出すこともありました。弱い部分を見せたとしても、最後に勝てばいい。そう考えていたのです。

しかし、弱い部分や失敗をさらけ出すことで、周囲の期待感は減っていきます。「おいおい清水、そんなことで勝てるのか？」となるわけです。それでガッカリしてしまう人がいるかもしれませんが、僕にとっては精神的な負担を少なくするという意味で、たいへんプラスに作用しました。そして、大方《おおかた》の予想を裏切って勝つということに大きな喜びを感じたのです。

ところで、弱い部分を見せるとは、具体的にどういうことなのでしょうか。たとえば僕は、練習でのタイムにあまりこだわり過ぎないようにしていました。自分にとって充実した練習ができていれば、タイムが悪くても、それはそれでよし。周りが不安になっても構いません。

さらにいえば、試合でわざと負けることもありました。

「わざと負ける」というと誤解されるかもしれませんが、要は試合のなかでいろいろなことを実験してみるのです。その結果が必ずしもいいものになるとは限りませんが、最後に勝てばいいわけですから、世界選手権やオリンピックまでの過程では、ある程度は負けても大丈夫なのです。

勝ち癖を付けるのも大事なことですが、僕の場合は、遠慮がちにやっておいてわざと隙《すき》を見せ、ライバルたちを欺《あざむ》こうとしたわけです。

「今回は、ちょっと清水は勝てないな」

「いまの清水にならら絶対に勝てる」

そう思わせておいて、大事なところで勝つ。そうして評価が変わるのが楽しいのです。

「喘息だから強くなれない」といわれてきた少年時代から、僕はそういう感覚でした。

もちろん、ずっと勝てなければいろいろいわれ、それがフラストレーションになることもあります。が、その一方、反骨心も出てきます。「どうせ勝てない」といわれているからこそパワーが出るのです。

ただ、そういう思いは自分のなかだけにしまっておきました。人にわかってしまっては意味がありません。

周囲の人間には安心してほしいし、ライバルからの尊敬も得たい。何より、目先の勝負に勝ちたい。そういう気持ちを封じ込めることで、僕は最大の結果を得ることができたといえるでしょう。

ボクシングでいえば、カウンターパンチのようなものでしょう。相手にわざと攻め込ませておいて、そこに生まれる隙を突き、一瞬で逆転のパンチを入れる。そんなイメージでスケートをしていました。

弱いところを見せておいて最後に勝つ——これは世界選手権までの一年間、あるいはオリンピックまでの四年間を使った大掛かりなルーティーンだったともいえるでしょう。実は、長野オリンピックの前にも、同じことをやっていたのです。

長野オリンピックの直前に、世界スプリント選手権やアジア大会という大会がありました。当時の自分の実力やコンディションからすれば、十分に勝つことができる大会だったと思います。

しかし僕は、あえてこの大会を、長野に向けた試運転に充てました。最初から「ここは勝たなくても構わない」という気持ちで、いろいろなテストをやってみたのです。その結果、転倒もしてしまったのですが、実際に負けたという悔しさも、長野でのパワーにつながったと思います。

これをサラリーマンに当てはめるなら、普段の会議では自分のプランを小出しにしておいて、大事なプレゼンテーションなどで一気に強調する、というやり方になるでしょう。僕が大事なレースに目標を絞っていたように、エネルギーを溜め込んで一気に放出し、みんなを驚かせるわけです。

これはプレッシャーを軽減する「抜きどころ」を作ることにもつながるでしょう。そういうことをいろいろ試すことで、プレッシャーとの向き合い方がつかめてくるのです。

日本と欧米、勝負のスパンの違い

このように、あえて失敗したり、遠回りをしたことで、得たものもたくさんありました。しかし、それをやれる選手は決して多くないと思います。アスリートである以上、どうしても目先の勝負に勝ちたいものですから。

ただ、目先の勝負にこだわるあまり、本当に勝たなければならない勝負がどこなのかを見誤ってしまう可能性もあります。

コンディション調整にしても、僕は独特でした。試合の直前でも、ハードな練習で追い込むことがあったのです。

もちろんそのことで疲労が溜まるのですが、本当のターゲットは、さらに二週間後の試合。目の前に迫っている試合で勝てなかったとしても、二週間後にピークをもっていくために練習したのです。これは、二〇一五年秋のワールドカップで南アフリカを破ったラグビーの日本代表チームにもいえることでしょう。

目先の勝負にこだわるのなら、コンディションを整えるために練習量を減らして休息を取ることになります。しかし、それでは自分の体を追い込むことができませんし、実は調子のよさも長く続きません。結果、大事な試合で練習不足を実感することになってしまう……いわばガス欠です。

大事な勝負はどこかを見極め、そこから逆算してガソリンを満タンにするのはいつかを考える、そういうスケジュール感覚も、勝ち負けに大きく関わってくるのです。

このスケジュール感覚に関しては、日本と欧米の選手では大きな差があるように感じます。外国勢の強化スケジュールを見ていると、四年間が一つのスパンになっているのです。つまりオリンピックで実力のピークにもっていければいい、という考え方。それまでの過程で結果が出なくても、別に深刻にとらえなくていいわけです。

しかし日本のスピードスケート界は、基本的に世界選手権をピークとした一年単位のスケジュールで動いています。一年ごとに結果を求められるのと、四年間トータルで考えるのとでは、大きな差が出てしまいます。

そこには、スポーツのあり方の違いが関係しているといえるでしょう。

外国では、ナショナルチームとして、国家がオリンピック選手や候補選手を支えることが多いのですが、日本のスピードスケートは企業スポーツ……選手は企業に所属しており、そこからお金をもらうという形です。

そうなると、企業所属の選手には広告塔という意味合いが出てくる。そのため、常に一定の成績を挙げることが求められるのです。

おそらく、自分が企業の経営者だったとしても、毎年コンスタントに結果を出すことを求めるでしょう。そういう状況では、「今年は結果が出ませんでしたが、オリンピックに向けてはしっかり準備をしている最中なので大丈夫です」というわけにはいきません。

ルーティーンからは話が逸《そ》れてしまいましたが、こういう状況を少しずつ変えていくことも、日本のスポーツ界のテーマだと思っています。

一発勝負に強くなる秘訣

さて、選手として僕を奮い立たせたものの一つに、高校時代に日本代表に選ばれなかったという経験があります。自分では自信があったのですが、実績重視という風潮もあったため、若い選手よりもキャリアがある選手のほうが選ばれやすかった……この経験が、負けん気に火をつけてくれました。

女子のスピードスケートでも、ある若い選手が選考基準に達しているのに、代表に選ばれないことがありました。代わりに選ばれたのは実業団所属の選手。実績重視、あるいは団体種目に重点を置いたということもありますが、実業団、つまり企業が連盟にお金を出しているという事情、いわば経済的なパワーバランスも働いたのではないでしょうか。

世界レベルでの勝負を繰り返してきて、いま思うのは、過去に重ねてきた実績を重視することや、選考会を何度も行うことには、それほど大きな意味はないということです。

選考会を何度も行うのは、「一発勝負では、そのときにたまたま調子が悪い選手がいるかもしれない。トータルな実力を見ることができない」という理由からでしょう。しかし、そもそもオリンピックは一発勝負です。

交通事故など外的要因のアクシデントもあるとは思いますが、一発勝負の選考会で結果が出せない選手は、結局のところ、オリンピックでも勝てないのではないでしょうか。ましてオリンピックという大舞台になれば、そのプレッシャーは選考会どころのレベルではありません。

二〇一六年に騒動になった、リオデジャネイロオリンピックの代表を選考する女子マラソンの複数レース……大阪国際女子マラソンで派遣設定記録を上回った福士加代子《ふくしかよこ》さんは、続く名古屋ウィメンズマラソンにも出場しようとしましたが、これも選考会を一本化しなかったため。スポンサーやテレビ局の放映権も関係するのでしょうが、オリンピックという究極の一発勝負で勝てる選手を選ぶためには、選考会も一発勝負のほうがいい、僕はそう考えています。

というのも、一発勝負で結果が出せないということは、大一番に向けて自分のピークを作るのが下手だということです。僕自身は、そこは割り切って考えていて、ベテランになってからも、「選考会で失敗したら、仮に実績重視で代表に選ばれたとしても、辞退しよう」、そう思っていたくらいです。

「たまたま調子が悪い」ということもあります。しかし、それも含めて実力が足りないということなのです。

そして、「たまたま調子が悪い」とき、救ってくれるのがルーティーンなのです。

運も調子も実力のうち……様々な方法で安定したパフォーマンスを発揮できるように努めるのも、強い選手の条件だといえるのではないでしょうか。

リレハンメル敗北の教訓

選手選考に関しては、一九九四年のリレハンメルオリンピックも苦い思い出になりました。このとき、スピードスケート男子五〇〇メートル日本代表の選手団には、五人が選ばれていました。

代表枠が四人なのにもかかわらず、一人多い状態で現地入りしたのです。それは、この五人の実力が拮抗《きっこう》していたからでした。

日本スケート連盟は「誰が出場してもメダルが獲得できる」といわれていた五人全員を連れて行き、本番ギリギリ、すなわち三日前の調子を見てから出場選手を決めることにした、というわけです。

しかしこれは、本当にきつい経験でした。スケートは個人競技といっても、オリンピックは国を代表して出場するもの。日本代表というチームで出場することになりますし、選手たちの団結力や支え合う感覚も重要なのです。

にもかかわらず、このときの代表は五人……本番直前に、誰か一人が落とされることになります。そのため現地入りしても、僕たちはライバルのままでした。当然、チーム内ではピリピリしたムードになってきますし、見えないところで潰し合うような関係になってしまいました。

このとき、オリンピックの選手村は仮設住宅でした。シャワーはタンク式のもので、四〜五人で使うため、いちばん年下の僕が最後に使うときには、水はチョロチョロと落ちてくる程度でした。

また、寒い部屋には薄い毛布が一枚あるだけ……だから車を用意してあった実業団の選手は町に出て布団を買ってきたのですが、ほかの選手たちの分まで買ってきてくれたわけではありません……。

スタッフも、それぞれの実業団に所属する選手をケアするので精一杯。しかも僕のコーチは選手団の監督でもあったので、僕の面倒だけを見るわけにはいきません。車がなかった僕は、選手村にない物を買うためには、真冬のノルウェーの道を歩いて、町まで行かなければなりませんでした。

　こんな状態では、オリンピック本番に向けた調整がうまくいくはずがありません。本番三日前に最終選考があり、そこで出場が決まり、ようやくホッとできたという状況でした。

　しかし、そこから本番に向けて調子を整え、集中力を高めるのは、いくらなんでも不可能でした。

　このようにリレハンメルオリンピックでは、スピードスケートの日本代表全員がボロボロの状態で本番に挑むことになってしまいました。全員がメダルを狙えると期待されながら、実際には堀井学さんと山本宏美《やまもとひろみ》さんが獲った二つの銅メダルだけ……。

　代表選考の重要性、試合までの準備、メンタル……これらがいかにコンディションを左右するか、僕はリレハンメルでの敗北から多くのことを学びました。

　そしてこのリレハンメルでは、ある選手の感動的な勝利から、大の字ルーティーンのきっかけをつかむことにもなるのです——。

第二章　体と心を連動させる技術

観客席に上って見えたこと

僕が試合前に大の字に寝そべるルーティーンを始めたのは、長野オリンピックの四年前、リレハンメルオリンピックがきっかけでした。

そのときから僕はメダル獲得を期待されていたのですが、結果は五〇〇メートルで五位……自分でもメダルを獲れると思っていただけに悔しい結果でしたし、「僕はもう、ダメなのではないか」という気持ちにもなりました。

——このとき、アメリカのダン・ジャンセン選手の滑りを目《ま》の当たりにしたのです。ジャンセンはスケート界の英雄ともいうべき選手で、数々の結果を残しています。しかしなぜか、金メダル確実といわれながら、オリンピックでは結果が出せませんでした。大事なところで転倒したり、バランスを崩してしまう……そんなジャンセンを、「ノミの心臓」と呼ぶ人もいました。

リレハンメルでも、得意の五〇〇メートルでは八位に沈んでしまいます。残されたチャンスは一〇〇〇メートルのみ……ここでジャンセンは世界記録をマークし、四度目のオリンピックで、ついに金メダルを獲得したのです。

悲運の英雄だったジャンセンの金メダル獲得は、とてつもなく感動的な瞬間でした。僕にとってはライバルなのですが、自分のことのように感動し、涙をこぼしてしまったほどです。

そしてその瞬間、僕はフィールドから観客席に向けて駆け出していました。ジャンセンのウイニングランと表彰式、その感動の光景を、観客席から一ファンの立場でしっかりと見届けたいと思ったのです。

観客席から、一ファンとして見たスケート会場は、とてつもなく新鮮でした。それまでの僕は競技者としてしかスケートに関わってきませんでしたから、ファンが見ている光景がどんなものなのかを、意識したことがなかったのです。

会場のファンと見るものを共有してみると、新しい興味も湧いてきました。今度は、「この光景は、テレビだと、どんなふうに見えるんだろう」と考えたのです。僕はスタート位置にあるカメラや、会場の全景を映すカメラなど、様々な場所に行き、試合を見てみました。

そうして、見る側からの視点を意識するようになり、いろいろな位置から物事をとらえる習慣を付けると、試合に対する気持ちにも変化が現れるようになりました。

試合で緊張してしまうのは、勝負にのめり込み、勝つことばかりを意識してしまうからです。ものごとに必死で取り組んでいるときには、どうしても視野が狭くなってしまう……その視野の狭さ、「勝たなければならない」という強過ぎる思いが緊張につながってしまうのです。

勝ち負けから自分を解放すると

しかし、観客席から試合を見てみると、競技者として勝負にのめり込むのとは違う感覚になりました。いってみれば、自分に対する期待感のかけ方、その方向性が間違っていたことに気がついたのです。

それまでの僕は、結果を出すことばかりを考えていました。しかし、会場全体で考えてみたとき、「清水が勝つ」ということは、試合全体の一部でしかないと思うようになったのです。

会場には、当然、僕以外の選手を応援している人がいます。仮に僕が負けたとしても、その人の期待を裏切ることにはなりません。だとすれば、観客が全体として求めているのは、僕が勝つかどうかではなく、いいレースを見ることではないでしょうか。

僕が勝つかどうかは、あくまでレースの一部。選手それぞれが最高のパフォーマンスを発揮すれば、レースは白熱します。だからこそ、そこで生まれる勝ち負けにストーリーが生まれ、観客の感動を呼ぶのです。

つまり、僕がやるべきことは最高のパフォーマンスを見せることだけ。そうして自分に感動できれば観客の感動を呼ぶことができます。その結果として勝てればいい……そう考えるようになったのです。

そう、自分を選手というよりも、いわばパフォーマーとして再定義したのです。すると、観客にいいレース、すなわち素晴らしいライブショーを見てもらいたい、と考えられるようになりました。

最高の滑りさえできれば、結果がどうあれ、観客は感動してくれるでしょう。また仮に負けたとしても、自分は感動できるのではないか。そう考えたのです。

そのため、それからは様々なライブやイベントに足を運び、スタッフの働きぶりも含め、どのようにショーが運営されているのか、何が観客を魅了するのか、それらを注意深く観察するようにしました。特にB'zのコンサートに足繁く通ったことを懐かしく思い出します。B'zに学んだことはたくさんありました。

自分を俯瞰して見る効果

そういう意識を持つようになってからは、試合の際の行動も変えていきました。ウォーミングアップのために競技場のフィールドに入るときは、必ず客席のスタンドから向かうようにしたのです。

会場入りすると、まずは控え室に荷物を置きます。そこから観客席に向かい、上からフィールドに降りていく。選手や関係者用の入り口は下にあるのですが、そこを使ってしまうと、客席からの光景が見えません。競技者側からの視点だけになってしまい、見る側の感覚がわからないのです。

一方、観客席から降りていけば、レースがどんなふうに見えるのかも想像しやすい。客席からファンの目で見たレースを想像し、客観的に自分を捉えるメンタル・リハーサルを、僕はルーティーンとして必ず行うようにしていました。

キャリアを重ねるうちに、このメンタル・リハーサルを行う客席の場所が、どんどん高いところになっていきました。そして最終的には、客席の最上段からフィールドに降りるようになりました。それだけ、レース、それに自分を客観的に見る度合いが高まったということです。

さらにメンタル・リハーサルでは、身ぶり手ぶりで体を動かしながら行うと、明確な効果を得ることができます。そのためレース前日のジョギングの際には、陸上で「ドライ・スケーティング」をしているようなイメージで走りました。

そうして身に付けたのが、試合前に大の字になるルーティーンでした。大の字になって寝そべり、意識を上へ上へと持っていく。客席の最上段から、さらには天井へ……こうして俯瞰的に自分を捉えることで、客観性は最大のものになる、それだけ勝ち負けへのこだわりを遠ざけることができる――。

体を大の字にするという「体の操作」が、自分を俯瞰して見るという心の動きにつながり、そのことで緊張感から解放される。そして、いいパフォーマンスをすることに集中できる。大の字ルーティーンの大切な意味です。

レースを捨てトップ選手の真似を

先述したとおり、リレハンメルオリンピックで、僕は大敗を喫しました。五〇〇メートルではプレッシャーに押しつぶされて五位。「歯をくいしばって全力で滑ればメダルが獲れる」と思っていたのですが、その意識に乗っ取られたという感じです。

その後、一〇〇〇メートルのレースも残っていましたが、僕はここで気持ちを切り替えました。ことによるとお叱《しか》りを受けるかも知れませんが、「目標を四年後の長野オリンピックに定め、いまからその準備をしよう」、そう考えたのです。

メダリストはどんな行動をしているのか、何を食べているのか、会場入りの時間はどうか、ウォーミングアップの方法は……それからはトップ選手たちを徹底的に観察し、彼らを真似するようにしました。また、ウォーミングアップの時間を午前にしたり午後にしたり、大幅に変えてみたりしました。

ということは、いつもとは違う行動をとることになります。周りからは、「あいつ、どうしたんだ？」「まだ一〇〇〇メートルが残っているのに、清水は何を考えているんだ！」と怒られたのですが、僕は長野で勝つことだけを考えていました。

それは何よりも、「いまのままでは金メダルは獲れない」と思っていたからです。

リレハンメルまでの僕は、オリンピックに出場することが最大の目標でした。出場してどう戦うか、どう勝つかという戦略を持っていなかったのです。しかし実際に出場してみて、やはりオリンピックでは勝たなければ意味がないと思うようになりました。長野では生まれ変わった自分で戦いたい、金メダルを獲りたい、そう思うようになったのです。

そしてそのためなら、一〇〇〇メートルを犠牲にしてもいいと思いました。トップ選手たちを観察することで十分な準備ができず、結果が出せなかったとしても、それは計画性のある意味のある負けになる、と――。

一〇〇〇メートルの結果は一九位。しかしその結果を気にするよりも、オリンピックの光景を目に焼き付けることで頭がいっぱいでした。ダン・ジャンセン選手の感動的な金メダル獲得がきっかけです。

オリンピックの戦いは、観客席からはどう見えるのか、カメラにはどう映るのか……そうやって客観視していくことで、俯瞰的に自分を見る方法を探るようになりました。

長野五輪で救われたルーティーン

こうして体得した大の字ルーティーンは、通常、レースの三〇分ほど前に行います。長野オリンピックでもそうしたのですが、レースの直前になって、アクシデントが発生しました。

金メダルを獲得した五〇〇メートル……僕は二〇組だったのですが、一六組のレースで選手が転倒し、ケガを負ってしまいました。そうして選手が担架で運ばれたため、レースは一時中断。さらに一七組と一八組ではスタートのやり直しがあったため、レースのスケジュールがどんどん遅れていきました。

そのことで、レースに向けて高めていった集中力が途切れそうになってしまいました。逆に強まっていったのが緊張感です。経験したことがないほどの緊張……心臓の鼓動が、全身にバクバクと響く。よく「口から心臓が飛び出そう」という表現がありますが、このときの僕は、脳みそが心臓になってしまったような感じでした。

このままではまずい、どうしよう……そこで僕は、もう一度、大の字になって、あらためて自分の状況を俯瞰しました。そうして意識を遷移《せんい》し、気持ちをリセットしようとしました。しかし、レースが近づいていますから、当然、場所はリンクの内側……普段は大の字ルーティーンを控え室など人目のないところで行うのですが、このときばかりはそうもいっていられません。

周囲にライバル選手もいるなか、シューズを脱いで大の字に……異様な光景だったかもしれませんが、そうするほかなかった。レースを伝える新聞記事では、大の字になったことを「強心臓ぶりを発揮した」と書いていましたが、実はその真逆でした。

僕はむしろ、メンタルが弱いほうだと、いまでも思っています。幼い頃は緊張すると、泣き声を漏らしたり、ときには吐いてしまったりしたものです。

そんな僕はアクシデントのなか大の字になり、会場を俯瞰して捉えながら、自分との対話を始めていきました。

「いまも世界のどこかでは戦争が起きているんだろう。だけど、このオリンピックの会場にはたくさんの人が集まっている。そこでレースができるなんて、こんなに幸せなことはないじゃないか。これほど素晴らしいところに身を置いているのに、緊張するなんて、そりゃもったいないだろう」

そんなふうに自分に言い聞かせ、気持ちをリセットしてレースへ。意識したのは、金メダルを獲得することではなく、ただ最高のパフォーマンスをすることだけでした。そのおかげで、結果、オリンピック記録で優勝することができました。想定外のアクシデントから、ルーティーンが、僕を救ってくれたのです——。

アスリートがフードをかぶるとき

このように、長野オリンピックでレース直前にリンクの内側で大の字になったのは、あくまでアクシデントに対処するためです。普段は人目のないところで、このルーティーンを行っていました。ただ、時として人前でやらなければならないときには、手袋を目の上に載せて視界を閉ざしました。

ボクサーが入場するときにガウンのフードをかぶっているのも、これと似たような意味があるのだと思います。フードをかぶることで、人の目を遮《さえぎ》るのです。

なぜか？　人から見られているという意識が、何よりも緊張を生み、自分らしさを見失わせてしまいます。そのため、手袋で目を覆ったり、フードをかぶることで、外部から意識をシャットアウトする。そう、一つでもいいので五感を意識的に閉ざしてみるのです。

ヘッドホンを着けるというのも効果的でしょう。オリンピックや世界陸上などで、選手が試合の直前までヘッドホンをしている姿を見たことがあると思います。選手によっては、お気に入りの音楽を聴くことでテンションを上げているのかもしれませんが、ヘッドホンをする効果はそれだけではありません。

試合前というのは、集中力を極限まで高めようとしている段階です。そこで人に声をかけられてしまうと、どうしても気が散ってしまい、集中の妨《さまた》げになります。ヘッドホンを着けるのは、雑音をシャットアウトし、話しかけられるのを避けるという意味合いもあるのです。

特に日本人は礼儀正しいですから、顔を合わせると、「おはようございます」「お疲れさまです」と挨拶《あいさつ》をするのが普通です。礼儀正しいのはいいことなのですが、試合前に集中力を高めているときには、それさえもわずらわしいもの。といって、自分の世界に入り込み、挨拶を無視するのもいかがなものでしょうか。

そんな状況に自分を置かないために、ヘッドホンを着けるのです。いってみれば、「いまはヘッドホンをしているから周りの声が聞こえませんよ、話しかけられても答えられません」というサインなのです。

プレッシャーから逃げても無意味

実をいうと、長野オリンピックに向かう過程での僕は、プレッシャーに襲われ続けていました。リレハンメルでは、最後の最後まで代表を決めないという戦略が失敗。そのため日本スケート連盟は、長野オリンピックの二年半も前に僕を代表として内定したのですが、当時の日本では、オリンピック種目のすべてにおいて「代表内定」という言葉もありませんでしたから、異例中の異例のことでした。

早めに代表入りが決まれば、それだけじっくりと強化ができるメリットがあります。しかし同時に、デメリットも……当時の僕は、リレハンメルのあと、一九九五年のワールドカップ、一九九六年の世界距離別選手権、一九九七年のワールドカップと優勝を重ねていましたが、それでも代表内定から本番までの期間が長ければ、それだけプレッシャーを感じる時間も長くなってしまいます。

周囲からの目も、気にならないといったら嘘になります。「なんでおまえが内定なんだよ。俺のほうが結果を出しているのに」と、長距離の選手からいわれたこともあります。「二年半後も強い選手のままでいられる確証はあるのか」という声もありました。

そのプレッシャーから、一時期は勝利から遠ざかってしまったこともあります。血尿が出た日もあったほどです。また、家を出るときに急に怖くなり、体が動かなくなるという経験もしました。そして、寝たら寝たでオリンピックで転倒する夢を見て、夜中に目が覚めてしまう……そんな状態だったのです。

オリンピックで勝つためには、そのプレッシャーと向き合い、格闘して、うまくコントロールするしかありません。プレッシャーから逃れようとして、楽しいこと、たとえば食事会やレジャーのことを考えるようにしても、結局はプレッシャーが上回ってしまう……

ということは、結局、プレッシャーと向き合うしかないのです。

そう気づいた僕は、全身で「プレッシャーのシャワー」を浴びるような気持ちでスケートに取り組むことにしました。

「オリンピックで勝てなかったとしても、別に殺されるわけじゃない」

そんな開き直り方をしました。

そうして、本書に記したような様々なルーティーンや練習法を実践し、自分を実験台にすることで、プレッシャーを克服できるようになったのです。

プレッシャーを感じるということ自体も、プラスに考えるようにしました。なぜプレッシャーを毎日、絶え間なく感じるかといえば、僕が全力でスケートに取り組んでいるからであり、絶対に金メダルを獲得しようと思っているから……つまりプレッシャーを感じるのは、確固たる目標があることの証拠なのですから。

オリンピックを楽しむは本当か

「プレッシャーを感じるということは、それだけ自分がスケートに集中して、本気になっている証拠なんだ」

そう思えば、プレッシャーに向き合う意欲も湧いてきます。

世の中には、どんな場面でも緊張しないという人もいるでしょう。でもそれは、単なる強がりかもしれません。自分をごまかしているという可能性もあります。もしかすると、それだけ目標に対して本気ではない、ということかもしれません。

ですから読者の方々も、緊張している自分、プレッシャーを感じている自分というものを、プラスに考えてみてください。僕の経験からすると、プレッシャーには必ず意味があります。いわば自分を成長させてくれる糧《かて》なのです。

無駄なプレッシャー、あるいは不要なプレッシャーなど、この世には存在しません。というのも、何かにプレッシャーを感じるということは、その部分が自分の弱点……そうであれば、弱点を克服するヒントにもなるのです。

プレッシャーを感じたときには、こう考えましょう。

「いまの自分の精神状態には、いったいどんな意味があるのだろう」

「自分はこの状態から、何を学ぶことができるのだろう」

よく、オリンピックに出場する選手が、「オリンピックを楽しんできます」とコメントすることがあります。が、それは僕には、プレッシャーから逃げようとしているだけのように聞こえてしまうのです。金メダルを獲れないことの言い訳とはいいませんが……。

プレッシャーから逃げようとしても、決していい結果は出ません。ましてオリンピックは、個人の才能だけで出場できるものではない。支えてくれた家族や仲間、それに指導者がおり、またライバルたちが自分を成長させてくれたという面もあるのです。加えてオリンピック出場のためには、選手たちに強化費としての国費も投入されています。

そういう状況をしっかり理解しているのなら、プレッシャーを感じないはずがありません。本当は、「楽しむ」余裕などないのです。もしオリンピックを楽しめたとしたら、それは、プレッシャーから逃げることだけには成功した、ということ。それではメダルをつかむことはできません。

ですから、オリンピアンは決して、「オリンピックを楽しむ」ことはありません。正しく表現するならば、「オリンピックのプレッシャーを楽しむ」のです。

筋肉を覚醒させるルーティーン

ルーティーンには、様々な効果がありますが、そのなかの一つが「プレーで使う筋肉に作用し覚醒《かくせい》させる」というものです。

たとえば、ラグビー日本代表の五郎丸歩選手は、ルーティーンの動作のなかで、両手を合わせるときに腰を落としつつ、背中をぐっと反らせています。本人と直接、話したわけではないので確証はないのですが、あの動きもルーティーンの一つで、背筋に刺激を与えているのではないかと思います。

背筋は体のなかでも最大の筋肉。当然、キックをするときにも重要な役割を果たします。すると、ルーティーンのなかで背中を意識するのは非常に重要なことになるでしょう。そうすることで、脳と筋肉の連動性を高めているはずなのです。

背中を意識することは、どんなスポーツでも重要です。体の前面にある筋肉は、自分で見ることができますし、触ることもできます。鏡で見て確認することも可能です。しかし背中の側は自分では見えませんし、手で触れることのできる箇所も限られています。

そのために、背中への意識はおろそかになりやすい。そこで、ルーティーンのなかで意識的に刺激を与えて、プレーの精度を高める、というわけです。

僕の場合は、内転筋、すなわち内ももの筋肉を意識するように心がけていました。単に前に進むというだけではなく、スタートの際、実際とは逆の後ろに動き出すことができるようにと意識していたのです。

内転筋を意識してパワーを溜め込むことは、スタート時に爆発的な瞬発力を生み出すことにつながります。イメージとしては、ドラゴンボールのように、「気」を溜め込む感覚です。

いつも意識しない箇所を鍛えると

自分では見えないところを意識したり、あるいは鍛えることは、健康のために運動をしている人にもお勧めしたいことです。

背中、お尻、あるいは足の裏……普段は視覚を使って見ない箇所ですから、どうしてもトレーニングする意識は薄くなりがちです。筋トレをして腹筋が割れてきたり上腕に力こぶができると嬉しいものですが、背中などは見えないぶん、鍛えようという気持ちになりにくいのです。また、目に見えない部分は感覚が鈍いともいわれています。

そういう部分を鍛えることで、トレーニングの効果はさらに高まります。トレーニングがおろそかになっている箇所は、つまりそれだけ鍛えて伸ばす余地があるということ。体全体の筋肉の量と活性が増えることになり、それだけ代謝がアップし、脂肪燃焼率もよくなります。

こうして筋肉のバランスがよくなるということは、肉体の動きもよくなっているということです。すると、疲れにくくもなります。

このように、体を鍛えるという行為は、何もアスリートだけに有用なことではないのです。太りにくい体、疲れにくい体を作るためにも、普段は意識していない部分を鍛えてみてください。

ルーティーンはシンプルなものに

練習や試合で意識していたポイントとしては、目線の位置もあります。目線を意識することで、滑る際の姿勢、重心が変わってくるからです。

目線が高すぎると足の裏が踵《かかと》よりの後傾荷重になり、重心が上がってしまいます。また、目線を下げすぎると爪先よりの前傾荷重になります。そして、このどちらも滑りにくいのです。

自分にとって最もいいバランスはどこなのか。それをつかんだら目線の位置を記憶しておき、正しい姿勢が取れているかどうかのチェックポイントにしていました。目線の位置で人間の姿勢は決まるので、健康面からも意識してみるべきでしょう。

内転筋、それに目線、もしくは顎《あご》の位置など、こうしたポイントを一つ一つ確認していくのも、ルーティーンの一部分です。

このうちの目線……実は非常に繊細《せんさい》なもので、いつもとは違うフレームのサングラスをかけただけでも、微妙に目線が変わってしまいます。道具にしろ自分の体の使い方にしろ、いろいろ試してみて、最適なものをチョイスしていく作業を行いました。

ただし、そこであまりに細部にこだわってしまうと、失敗につながりやすいのも確かです。なぜなら、試合には不確定要素が付き物だからです。

レース、それに体調は、自然現象などによっても左右されがちです。たとえば低気圧が来ると空気抵抗が少なくなり、そのことでタイムが縮まる。また試合を行う場所の標高によってもタイムが違います。標高が一〇〇〇メートル違うと、四〇〇メートルのタイムにして、約一秒も変わってしまうのです。また、リンクの氷を作る水が軟水か硬水かでも滑りの状況は変わります。

ということは、それだけ体への影響があるということ。そういうなかで、常に一定の状態でいることは不可能です。自分が練習してきた場所と試合をする場所は違いますし、まして海外遠征で世界中を飛び回りながら試合をするとなると、「練習とまったく同じことをする」というのは不可能になります。

もちろん、アクシデントなどでいつも通りのルーティーンができないこともありえます。そういうときにあわてないためにも、チェックポイントやルーティーンは不確定要素に左右されないシンプルなものにしたり、ある程度アバウトに作っておくことも重要なのです。

逆説的になりますが、ルーティーンとは決まりごとなのですが、あまり厳密に決めてしまうと、かえって逆効果になってしまうのも事実なのです。そこで僕は、目線や顎の位置といったアバウトな目安を作るに止《とど》めておきました。

ストレッチをしなかった理由

体に対する働きかけが心にも影響を及ぼし、パフォーマンス向上につながる、それがルーティーンです。体をどう扱うかということに関して、僕は、本当に細かく意識をしていました。

たとえば普段の練習では、マッサージやストレッチをほとんどしませんでした。やるとしても、ケガ防止や疲労回復のため、最低限のことしかしません。それではいい練習ができきないのではないかと思われるかもしれませんが、あえて万全の状態にしないのも練習の一つだと考えていました。

同じ意味で、ウェアも試合用と練習用で違うものを使っていました。スピードスケートの世界では、ウェアの違いによってラップタイムが一秒ほど変わってきます。それでも、あえて不利な状況を作り出し、そのなかで自分を鍛えるために、練習ではルーズなウェアを着ていたのです。

そして、いざ試合で質のいいウェアを着ると、それだけで試合モードのスイッチが入りますし、「このウェアを着ているんだから、絶対にいいタイムが出る」と思えます。ただウェアが違うだけで、自分が有利になったという気持ちにすらなれるのです。

もちろん、練習でいい滑りをして、自分の最高のパフォーマンスを感じておくことも必要です。ただ、それは毎回でなくてもいい。目的は本番と同じ感覚をつかむためなので、回数は少なくてもいいのです。

解剖学実習で知った人体の秘密

ところで僕の出身大学は日本大学です。文理学部体育学科で、そこには解剖《かいぼう》学の授業もあり、実習も行いました。その実習で、献体を一〇〇体は見たと思います。大学に解剖学の授業があったのは偶然でしたが、そのことで人間の肉体というものに、僕は深い興味を持つようになったのです。そして、「この授業はスケートのためにもなるな」と思いました。

献体の皮膚をめくってみると、全身に神経が行き渡っていることがよくわかります。全身が神経でつながっていて、どこかの神経を動かすと、別の場所も反応する……だから僕は試合当日にも、ほとんどストレッチやマッサージをしませんでした。なぜなら、実習での経験から、全身の神経がつながっていることを理解していたからです。

普通の選手は、試合前に全身を入念にストレッチします。マッサージを受ける選手も多い。ただ、そこにはマイナスの効果もあるのです。筋肉を伸ばしたり揉《も》んだりすると、わずかではあっても筋繊維《きんせんい》が傷つき、炎症を起こしてしまうからです。

ですからストレッチやマッサージをしないのですが、代わりに手と足の甲だけをほぐすようにしていました。そうすることで筋肉の炎症は避けられますし、手や足の甲をほぐすだけでも、その刺激は神経を伝わって脳に届きます。

つまり、それだけでもリラックスした状態を作ることができるのです。また、足の甲をほぐすと関節間がゆるみ、レースで氷面をしっかりととらえる感覚が得られます。

一週間かけたコンディショニング

とはいえ、僕もまったくストレッチをしなかったというわけではありません。普段はほとんどやらないのですが、大事なレースのときだけ、一週間前からストレッチをするようにしていました。それも朝昼晩と、入念に行うのですが、徐々にストレッチの量を増やしていきます。

そうすることで関節の可動域を広げていき、試合の前日には一〇〇パーセントの状態に持っていきます。試合当日のストレッチで一〇〇パーセントにするのではなく、前日、もしくは前々日の段階で体を仕上げておくわけです（最近では、静的なストレッチは筋力を低下させるという研究もあります）。

さて、こうしておけば、当日はほとんど何もしなくてもコンディションは完璧。あわてて仕上げようと思って、ストレッチで筋肉にダメージを与えてしまうよりも、理に適《かな》っています。明らかに調子よくレースに臨むことができました。

ただ、ストレッチをしない代わりに、ウォーミングアップはしっかりと行いました。ケガを防ぐためには体を温めることが一番。自動車のアイドリングのように、ウォーミングアップから徐々に強度を上げていくのです。そう、徐々にエンジンの回転数を上げていくように。

ただし、このウォーミングアップも、ほんのりと汗をかくくらいに止《とど》めました。大量に汗をかくほどのウォーミングアップを行うと、当然ですが、必要以上に体が疲れてしまうからです。

またウォーミングアップでは、本番同様の状態をいったん作るために心拍数を上げるのですが、マックスの状態にするのは一瞬だけ。その状態を体が思い出せれば、それで十分なのです。

しかし、日本の多くの選手は、普段の練習から長時間のウォーミングアップを評価する傾向にあります。そうして心拍数を八割くらいの状態に持っていき、それを長く保とうとする。ただそれでは、本番と同じ心拍数にはなっていませんし、疲労も蓄積されるので、結果、マイナスとなってしまうのです。

こうした自分独自の調整法も、僕のルーティィーンの一つでした。コンディショニングのための、時間をかけたルーティィーンです。

「普段はストレッチをしない」

「大事な試合の一週間前から入念にストレッチ」

「試合前日までに体を仕上げ、当日は手と足の甲をほぐすだけ」

そういうサイクルを「決まりごと」にして、試合に臨んでいました。

手先と脳が連動する状態とは

フィギュアスケートの羽生結弦《はにゅうゆづる》選手や体操の内村航平《うちむらこうへい》選手は、映像でそのイメージトレーニングや試合前の様子を見ていると、しきりに手を動かしています。自分の体の回転を、指先で表現しているのでしょう。

実は、頭にイメージするだけではなく手を動かすと、その動きが脳に伝わって連動し、イメージが体に染み込みやすくなるのです。

実際の試合でも、脳が指令を出すのを待っていると、それだけで肉体との連動性のあいだにタイムラグが生まれてしまうことがあります。それよりも、「体が勝手に動いていた」という状態のほうが、いい動きができるのです。

これは職人の世界でも同じではないでしょうか。頭で理解する以上に、指先が感覚を覚えているという境地。いってみれば、筋肉が脳を上回った状態を理想とするのです。

イメージトレーニングでも、手の動きを付け加えることで、その質が高まっていくといえるでしょう。

もちろん、体が勝手に動くという状態になるまでには、数え切れないほどの反復練習が必要です。ただ、何度となく同じ動きを繰り返すと、筋肉が脳を上回る状態を作り出すことができます。職人も同様に、何十年も同じ作業を繰り返し、その結果、指先の感覚だけで繊細な作品を作り上げるのではないでしょうか。

そういう境地は、一般の人にはなかなか理解しにくいものかもしれません。ですが、思い切り単純にいうなら、それは日常生活のなかの歯磨きなどと同じなのかもしれません。

私たちは歯を磨くとき、ほとんど何も考えずにやっているはずです。「歯ブラシを右手で持って」とか「まずは左下の奥歯から」などと、いちいち考えながらやっているわけではありません。お風呂で体を洗うときも同じで、タオルに石鹸をつけたり、全身くまなく洗ったりという動作を、意識せずに行っているのです。

一流のアスリートは、それと同じことが、スポーツの動きのなかにも再現できるということ……果てしなく繰り返された反復練習のなかで、その感覚をつかんでいくのです。

ちなみに僕の感覚でいうと、職人ではなくとも日本人は手先の感覚が優れていると思います。それはスポーツの世界でも強みになるはず。現在は欧米のトレーニング理論がどんどん導入されていますが、アジア人と欧米人とでは骨格や筋肉の付き方に違いがあるわけですから、そのトレーニング法を単純に取り入れればいいとはいえません。

今後、日本人ならではのトレーニング法を作り上げていくとしたら、手先の感覚を大事にしていくといいのではないでしょうか。僕もぜひ、考案していきたいと思います。

体の一部からバランスを整える

僕がやっていた手先をほぐすルーティーンは、触るという行為によって神経を刺激し、脳をリラックスさせるもの。ただ、これは精神的な効果だけでなく、体のバランスをよくすることにもつながります。

私たちが体の一部を触ると、意識がそこに集中します。その結果として血流がよくなり、その部分が活性化します。こうしたことが体のバランスにも関係していくのです。

これは非常に簡単な方法なので、僕はいまもよくやっています。たとえば家でテレビを見ながら、指先で足の前側の筋肉を軽く叩く、そんなことをしています。

リハビリテーションでも、同じことが行われています。

ケガをして足が動かなくなってしまった人のなかには、メインの神経が切断された状態にある人もいます。そこで必要なのが、切れてしまった神経の周りにある細かい神経をつなぐこと。つまり新たにバイパスを作るわけです。そして、神経をつなぐために必要なのは、触って意識させることなのです。

そのためセラピストが足を触って、患者さんに動かなくなった部分に意識を集中してもらいます。そのうえで「動かしてみましょう」と指示を出し、徐々に神経のバイパスを作る作業に入るのです。

闘争心をあえて抑えるわけ

体と心の関係性に関して、僕には忘れられない思い出があります。

以前の僕は、闘争心むき出しでレースに臨んでいました。いわゆるイケイケの状態で、目が血走っていたと思います。しかし、闘争心にあふれているときほど、なぜか結果が出ませんでした。

それが変化したのは、大学四年生のカナダ遠征のときです。

その大会で勝つと、二週間後にノルウェーで開催される世界選手権への出場が決まります。選手にとっては、大事な選考試合。試合当日の朝、ベッドから出てみると、僕はこれまでにないほどの調子のよさを感じました。

脚を一歩踏み出してみると、「これなら勝てる」そう感じる一方で、僕は「別に勝たなくてもいいや」、いやむしろ「勝ちたくない」と思っていました。お恥ずかしい話ですが、日本で待っている当時の彼女に会いたくて仕方がなかったからです。

もしカナダでの選考試合に勝てば、そのままノルウェーに直行。遠征が長引くことになり、それだけ彼女に会う日も遅れてしまいます。いまとなっては「何を考えているんだ」という話ですが、若かった僕は、「負けてもいいから早く日本に帰りたい」という気持ちに支配されていました。

そんな状態で試合の会場に入ると、コンディション抜群《ばつぐん》の体が「早く滑りたい、絶対に勝てる」と、訴えかけてくる……そうなると自然に闘志が湧いてきます。しかし、体とは逆に頭では、「ここで負けたら日本に帰れるぞ」と考えている。

「負けてもいいんだから」「勝たなければ彼女に会える」……そんな思いで、僕は勝手にあふれ出てくる闘志を押さえ込もうとしました。

そのためストレッチも形だけ……スタッフの人たちに「やってますよ」と見せるアリバイ作りのようなもの。一〇〇メートル滑ってみて、そのラップ・タイムをチェックし、そのあとで本気を出すかどうかレース中に決めることにしました。こうして滑ってみるとタイムがいいので本気を出し、何と世界新記録を樹立してしまいました。

この経験が、僕にとっての大きな気づきになりました。

闘志にあふれイケイケの状態では、むしろベストなパフォーマンスができない、闘志が空回りをしてしまう、ということです。

そう、コンディションがよく、体中にエネルギーがみなぎってくるようなときには、あえて押さえ込んだほうがいい。たとえていうなら、コップの縁ギリギリまで水を溜めて、表面張力を保っているような感じ、これこそが最高の状態なのです。

カナダでの経験がきっかけで、僕は闘争心をコントロールすることを覚えました。気持ちを顔に出さず、ポーカーフェイスでいるのも、その手段の一つです。この場合は、表情、つまり顔の表情筋という「体の一部」をコントロールすることで、闘志という精神面にまで働きかける、ということになります。

また体の調子がいいと、それを一〇〇パーセント活かそうとしてウォーミングアップやストレッチをやり過ぎてしまうことにもつながります。そして、逆に調子が悪くて不安なときにも同じことをやってしまいがち……。

闘志が足りなくても、あふれ過ぎてもいけない、そのギリギリのバランスを体得したからこそ、長野オリンピックに勝てたのだと確信しています。

見方を変えれば、それだけ肉体と精神の相関関係は強いということです。実際、僕が現役引退を決意したのも、肉体的な限界を感じたからではありません。それよりも、精神的な要素が大きかった。反骨精神が徐々に失われていき、試合で後輩に負けても悔しいと思わなくなっていったのです。

それまでは、スケートが自分の人生のすべてでした。しかし、反骨精神が薄れてくると、「このままスケートを続けていていいのだろうか」と考えるようになりました。すると、自分の人生に占めるスケートの重要度も落ちたような気がしました。当然、闘争心も減っていきます。それを自覚したとき、僕は引退を決意しました。

パワーヨガで内臓を上げると

インドでは精神性も重視されるヨガ……ただ僕は、自分の肉体に習熟するためだけに、パワーヨガを取り入れました。これは、レース時に「内臓を上げる」ためです。

「内臓を上げる」――これによってお腹を凹《へこ》ませた状態を作ると、姿勢が低くなり、レースの際にベストな前傾姿勢を取ることができます。

また、内臓が上がっていれば骨盤も動きやすくなるので、連動して背骨もよく動くようになります。すると、背骨自体がサスペンションの役目を果たして、動きに柔らかさが出てくる、そうした長所もあります。

その準備段階として、試合が近づいてくると食事の量を減らし、食べ物は消化のいいものだけにしていきます。そうして胃と腸を小さくしておき、内臓を持ち上げやすくするのです。

最初は息を吐きながら、下っ腹に位置する丹田《たんでん》のあたりからトレーナーに押し上げてもらいます。そして、その感覚を体に覚えさせていくのです。

もちろんこれは極端な調整法ですから、毎回はできません。食事を減らすと、体調を崩しやすいというデメリットもあります。やるのは年に一～二回、本当に大事な試合のときだけです。

スポーツ選手だけでなく、一般の方も、「この食べ物を食べると自分にどんなコンディションをもたらすか」「自分が調子のよくなる食べ物は何か」を意識しておくべきだと思います。いまは糖質をカットするダイエットが流行していますが、糖質は脳のエネルギーになりますから、大事な場面では絶対に必要になります。そうしたことを知り、試行錯誤《しこうさくご》しながら、自分が体調のいい状態をつかんでいきましょう。

ルーティーンは欧米人の神と同じ

このように、いろいろな形で体を意識し、操作することは、自分の体を使った「実験」からつかんだものです。自分の体が小さかったからこそ始められたことだと思っています。

もし自分の体が大きかったら、こうしたルーティーンを深く考えることもなかったでしょう。生まれ持っているフィジカルの強さに頼り、それだけを使って戦っていたかもしれません。

実際、僕から見ると「もったいないなぁ」と思う選手はたくさんいます。素質だけに頼っているので、細部へのこだわりや工夫が足りないのです。大柄な選手ほど、むしろ持っている能力を活かしきれていない、とも感じています。

たとえば腸腰筋《ちょうようきん》――。日本人は欧米人に比べると脚が短いのですが、上半身と下半身をつなぐ腸腰筋を意識して上手に使えば、パフォーマンスが上がります。そう、腸腰筋のあるお腹の真ん中、横隔膜《おうかくまく》の下あたりから、「脚」として使うことができるようになる。すなわち、「脚が長くなる」のです。

すると、下半身をムチのごとく使えるようになり、外国人に対する不利を補うことができます。先天的な能力の差を体の使い方で埋める、というわけです。

また、欧米人にはキリスト教への強い信仰心を持っている人が数多くいます。勝負のときにも神様に頼ることができるので、それが心の支えになり、集中力にもつながります。

これは、日本人にとっての仏教や神道とは違う感覚です。日本人が勝負の前に「仏様が勝たせてくれる」とは考えにくいでしょう。だからこそ、心の支えとしても、ルーティーンを磨くことが大切なのです。

ルーティーンとゲン担ぎの違いは

ここまで述べてきたとおり、現役時代、僕は様々なルーティーンを持っていましたが、それを「ゲン担ぎ」だといわれるのは嫌いでした。「自分がやっていることには経験から導き出した実感があるし、そこに理論的な裏付けもある」、そう確信していたからです。

ゲン担ぎとルーティーンは、一見似ているようにも思えますが、実際には大きく違います。その違いは、体と心の両方に作用する要素を持っているかどうかでしょう。

たとえば、僕がやっていた手足をほぐすリラックス法は、その刺激が神経を伝わって脳にも伝わるという裏付けがあります。大の字ルーティーンも、ただ大の字になればいいということではなく、その行為がスイッチとなって自分の意識を天井まで持ち上げ、状況を俯瞰して見るのが目的です。

メジャー・リーガーのイチロー選手が必ず左足から走り出すということにも意味があります。すなわち、左足から踏み出すという動作が脳に伝わって、簡単にいえば「本気モード」のスイッチが入るということでしょう。

ルーティーンにおいては体の動きが精神に影響を与え、そのことで緊張がほぐれたり集中力が高まって、いいパフォーマンスができる。「体から心へ」「心から体へ」という循環ができあがっていくのです。

しかし、ゲン担ぎはそうではありません。肉体の動きも伴わず、単なる他力本願……たとえば人からもらった必勝祈願のお守りを身に着けたとしても、そこには体に対する作用は何もありません。

ある大学のラグビー部では、大事な試合の前日に「敵に勝つ」という意味で、ビフテキとトンカツを食べる習慣があったそうです。そうして本気で「ビフテキとトンカツを食べたんだから大丈夫、絶対に勝てる」と思い込めるのなら、少なくとも精神面での効用はあるのでしょうが、「昔からそういうことになっているから」では、やはり単なるゲン担ぎに過ぎません。

逆に、試合前には炭水化物を摂って、いわゆる「グリコーゲン・ローディング」をしなければならないはずです。これはマラソンの高橋尚子《たかはしなおこ》さんも実践していたことで、レースの前に炭水化物を体のなかに蓄えて、エネルギー源を増やしていたのです。

お守りや「ビフテキとトンカツ」には、気休め以上の意味はありません。ルーティーンとはまったくの別物です。

非合理的な練習が必要になるとき

さて、ルーティーンの際だけでなく、日々のトレーニングにおいても、体の動かす場所を意識するのは大切なことです。

たとえば先述の腸腰筋という筋肉は、上半身と下半身をつなぎ、歩行時に使われる筋肉です。脚を前に持っていくため、あるいは脚を上げるために使います。ですから、年をとって腸腰筋が衰えると脚が上がりにくくなるため、平らな場所でもつまずきやすくなってしまいます。

このように、どの筋肉がどんな役割を持ち、体をどのように動かしているのかを理解していれば、勝つためにどの部分を補強すればいいかもわかります。そして、一つのトレーニングがどの筋肉を鍛えるのか、プレーのなかでどのような動きを強化するのか、それを理解すれば、目的意識が持てるようになります。ただ漫然とこなすだけの練習ではなくなるといえましょう。

トレーニングで目的意識を持つと、脳の働きも活発になります。するとそれが神経にも伝わりますから、筋肉の反応スピードも速くなる、そんな効果もあります。

こうした目的意識に支えられたトレーニングは、かつての日本スポーツ界では、あまり見かけられませんでした。とにかく大量の練習メニューをこなす。体を酷使して、かつ、必死になればなるほどいい。そんな雰囲気だったのです。いわゆる「特訓」こそがアスリートを育てる、と……。

しかし現在では、確固たる理論に基づいた練習が当たり前になっています。欧米式の科学的なトレーニングもポピュラーなものになってきました。

ただし、物事はなんでも表裏一体です。東洋医学では背中が張っていたら胸の筋肉をほぐすべしといいますし、筋トレでも体の前後両面を鍛えなければバランスのいい肉体を作ることはできません。

トレーニングも、それと同じ。科学的で合理的な練習がある一方で、一見すると非合理的に思えるガムシャラな練習も、時には必要なのです。

たとえばエアロバイクやダッシュなどで短時間に全力を出し尽くし、ブラックアウト(失神)状態を作り出すような練習もあります。僕の場合はエアロバイクのほかに、スキー場の斜面を下から上に全力で駆け上がる練習をやっていました。一五度くらいの勾配《こうばい》があるスキー場だったので、この練習は相当きついものになりました。

もちろん、そういう練習を毎日はできません。月に一~二回、こうした練習を行い、全力を出し切る経験を積む。すると、肉体から限界値を引き出すための精神力を養うことができるのです。

こうした一見、ガムシャラなだけの練習は、体力的にきつく、緊張もします。ただ、その緊張感も練習のうちなのです。あえて自分にストレスをかける練習、というわけです。実際、心底「やりたくないなぁ」と思う練習をどれだけこなしたかで、試合中の緊張感に対する向き合い方も変わってきます。自分が好きなトレーニングばかりをやっている選手は、やはり勝負どころで弱い。緊張感にも簡単に負けてしまいます。

これは、あらゆることに通じるような気がします。スポーツに限らず、社会に出て働くときにも同じような場面に出会うはずです。たとえば会社で意にそぐわない部署に配属されたとき、あるいは自分が得意ではない仕事をやることになったときなど、ともすると人間は消極的になってしまいがちです。

しかし、そんな類《たぐ》いの仕事でも、まずはトライしてみる、全力で向き合ってみるという姿勢が大事。理屈でいろいろと考えるよりも、とにかくガムシャラにやってみるのです。すると、いままでできないと思っていたことが実は自分の「天職」だった、と気づかされることもあるのです。

目の前の壁にぶち当たって壊す、それは精神的にきついものかもしれません。しかし、ルーティーンで優位な状態を常に作り出しておけば、そうしたストレスやプレッシャーに向き合っていくことができます。

緊張しないと力は出ない

本書で紹介しているルーティーンは、集中力を高めたり、緊張をほぐすのが主な目的です。しっかりとした練習を積めば、そのルーティーン効果も高まります。

ただしそれは、「練習で自信を付ければ緊張しなくなる」ということではありません。というのも、人間とは緊張してしまう生き物であるからです。

人は、よほど天才肌のタイプでもない限り、誰もが緊張するもの。普段はまったく緊張したことがないという人でも、大事な場面に限って緊張してしまう、ということもあるでしょう。

国内大会では無敵、世界大会でも上位の成績を収めてきたアスリートが、オリンピックという最高の舞台で実力が出せない。そんな場面を、読者の方々もよく見てきたと思います。もしかするとそれは、自分の能力を過信してしまい、「どんな場面でも緊張しないから大丈夫だ」と、本番を軽く見ていたからかもしれません。

オリンピックなど未知の場で、いままでに味わったことのないプレッシャーに襲われ、体がカチカチになってしまう……そんな状況に陥らないためにも、「緊張は人間に付きものだ」という事実を常に認識しておくことが大事です。

実際、もともと僕はプレッシャーに弱いタイプの人間でした。「競技には向いていない」といわれたこともあるほどで、試合前日には眠れず、レース前には吐き気をもよおしてしまうほどでした。世間一般では僕は「強心臓の持ち主」と思われているようですが、実際はまったく逆です。

ただ、僕の経験からいうと、緊張していたときのほうが、ずっといいパフォーマンスを発揮することができました。普段の練習から緊張に向き合い、リラックス法もわかるようになりました。むしろ、緊張した状態からリラックスした状態に自分を持っていくと、その手順を踏むことで、集中力が高まるのが感じられました。

また肉体的にも、緊張していないときの筋肉はぽちゃぽちゃと柔らかくなっているため、決して質がいい状態とはいえません。適度な緊張を作り出して初めて、まるでゴムまりのように張りのある、スポーツ向きの筋肉が仕上がるのです。

試合前日までに、筋肉はそんな状態に仕上げ、当日は脳をリラックスさせます。このルーティーンで、僕は結果を残してきました。ですから読者の方々も、緊張を避けようとしないでください。緊張し、それを上手にコントロールしてこそ、最高のパフォーマンスが発揮できるのですから。

というのも、緊張したりプレッシャーを感じたりしているときには、交感神経が活発に働きます。逆にリラックス状態では、副交感神経が働きます。練習から試合まで、緊張とリラックスのサイクルを繰り返すということは、両方の神経を活発にさせるということでもあるわけです。その結果が、自分を、潜在能力を発揮できる領域にまで運んでくれるのだといえましょう。

——これが、いわゆる「ゾーン」と呼ばれる領域です。

肉体、神経、精神が、それぞれ緊張感とリラックスのギリギリのバランスにある。そういうゾーンの状態は、ビジネスの世界でも活かせるものだと思います。

ですから、普段から「緊張しないようにしよう」と考えるのは、逆にマイナスになります。ぜひ、緊張感を味わうことも大事にしてください。僕はいつも、「プレッシャーはサプリメントだ」とさえいっています。

ところで先述のように、僕は喘息に悩んできました。この喘息の発作は副交感神経が優位なときに起こるので、幼少時代から常に交感神経を優位にするよう意識していました。こんなことも緊張と「友人」になる手助けになったのかもしれません。

第三章　仕事に役立つルーティーン

スポーツとビジネスの共通点

僕が現役を引退したのは、二〇一〇年のことです。その後、あらためて勉強をしようと思い、日本大学大学院グローバル・ビジネス研究科に進みました。そこで気づいたのは、スポーツとビジネスの共通点です。

僕は引退後、講演会に出演したり、テレビのコメンテーターをやったり、様々な仕事に取り組んできました。スポンサーの商品を企業や役所にプレゼンするという仕事もあります。

ところが僕は、現役時代は異端の存在、なんでも自分独自の方法でやってきましたから、いつしか人と接するのが苦手になってしまいました。もともと人見知りでもあります。それでも講演やプレゼンをうまくやるため、話し方の本を読んだり、毎日、新聞に目を通すようにもなりました。読書でも、できるだけ多くのテーマについて読むようにしています。

結果、スケート時代の経験に似ているな、と思うようになりました。様々な練習方法に取り組んで、多くのルーティーンを用意した現役時代……ビジネスも同様で、多様な経験と知識が生きてきます。

楽天の三木谷浩史《みきたにひろし》さんも、思考回路や精神面など、スポーツとビジネスには共通する部分があると教えてくれました。見える部分、すなわちスポーツなら体格や身体能力、そしてビジネスなら経営指標、こうしたものは誰でもはっきりと認識することができます。しかし見えない部分、つまり精神的な準備、あるいは新製品の開発能力なども評価されなければならないでしょう。

会社としても、ビジネスマンとしても、ルーティーンを確立している場合は有利に働きます。

なぜラガーのビジネスは優秀か

僕はこれまで、たくさんのスポーツ選手、元スポーツ選手と出会ってきましたが、ビジネスの世界で成功している人のなかには、ラグビー経験者が多いという印象があります。仕事で知り合った人と話をしていて、「昔、ラグビーをやっていたんです」と聞いたことも一度や二度ではありません。

おそらく、ラグビーというスポーツの性質や、試合の組み立て方がビジネスにつながるところがあるのでしょう。

当たりの強い大柄なフォワード、足の速いウィング、ピッチ全体を見渡して変幻自在の判断を下すフルバックなど、ラグビーはポジションによって、プレーヤーの個性や能力に大きな違いがあります。その個性に応じた役割がある。そして、そうした多彩な人材が一致団結して勝利に向かうのです。

つまり、自分の個性や能力に応じた役割を果たすこと、リーダーとして多彩な人材をまとめていくことなどが、ビジネスにも通じているのでしょう。

ご存じのように、ラグビー発祥の地はイギリスです。かつてイギリスは世界中に植民地を持っており、現地人を上手に使いこなすためにラグビーを格好の道具として使った、という話を聞いたことがあります。

そう、イギリスの上流階級の人間にとってラグビーは、その指導力を養うためのトレーニングだった。まさにスポーツが仕事に直結していたわけです。

また、スポーツには緊張感が付き物です。ラグビーの試合における緊張感や恐怖は、あらゆるスポーツのなかで最大級のものでしょう。なにしろ、自分より何十キロも重い巨漢選手にタックルでぶつかっていく必要もあるのです。ある選手は、それを「自分から交通事故に遭いに行くようなものですよ」と語っていたそうです。

それだけに、ラグビー経験者は緊張感を克服する方法も知っており、それがビジネスにも活きているのではないでしょうか。

仕事にも緊張を強いられるような場面が多々あります。自分が押しつぶされそうになるプレッシャーを感じることも多いでしょうし、いつも以上に集中しなければならないこともあります。そういうときに役立つのが、やはりルーティーンなのです。

スケートのルーティーンを仕事に

ラグビー経験者がビジネスでも成功しやすいというのは、その人がラグビーを通じて戦術などについて深く考えてきたから、という理由もあるのではないでしょうか。

一五人という大人数で戦うラグビーでは、個の力はもちろん、戦術が非常に重要です。そのためトップクラスのチームは、海外でも勝つために、練習方法から試行錯誤していくことになります。この「常に考える」という経験が、ビジネスでも活きるのでしょう。

ルーティーンも同じことです。僕は現役生活を終えてから二〜三年ほど、「これから自分は何をすべきだろう」「自分がやりたいことは何だろう」と考えながら過ごしました。

暗中模索の時期だったといってもいいでしょう。

そんななかで光明《こうみょう》が見えてきたのは、「スケートでやってきたルーティーンは、仕事にも活かせるものだ」と気づいたときでした。

「スケートをやってきたことは無駄ではなかったんだ」——そう思えたことで、セカンドキャリアに対する意欲もどんどん湧いてきたのです。

残念ながら、元スポーツ選手には、その逆のパターンも多いようです。現役時代、才能にばかり頼って考える習慣がなかったためか、引退後のセカンドキャリアで「現役時代のような燃える気持ちになれないし、何をやってもアドレナリンが出ない」と感じてしまう人が多いのです。

そこでギャンブルにハマったり、最悪の場合、薬物に手を出してしまうということも……。ある人などは、引退後に事業を展開しながらも、そこで堅実に利益を出して成功するより、「銀行からの融資を返すために、ギャンブルで一発、大儲けしてやろう」と考えてしまうのだと話していました。

スポーツで感じた興奮や充実感を、お手軽にギャンブルで得ようとしてしまう、というわけです。しかしそれは、現役時代とセカンドキャリアをまったくの別ものだと考えているから起こることなのでしょう。

一方、現役時代に考える癖を付けておき、ルーティーンを体得しておくと、それがビジネスにも役に立つということがわかりますから、セカンドキャリアに対して高いモチベーションで臨むことができるのです。

読者の方々のなかにも、新たなチャレンジに対して腰が引けてしまうタイプの人がいるかもしれません。新しいことをやる勇気がなかなか湧いてこない、と。でもそれは、新たなチャレンジを「いままでの経験が役に立たないことだ」と考えているからではないでしょうか。

――だからこそ、僕はみなさんに、ルーティーンを実践していただきたいのです。ルーティーンはスポーツにもビジネスにも活かすことができる。そのことを、僕は実体験として感じています。

ルーティーンを身に付けておけば、部署が変わろうと、それまでとはまったく違う職種に転職しようと、「ルーティーンのばか力」が活かせます。それがわかっていれば、新しいチャレンジを怖がることもなくなるでしょう。

ルーティーンは、自分をステップアップさせるための後押しをしてくれるのです。

勝負ネクタイもルーティーン

ビジネスにおけるルーティーンといっても、決して特殊なことではありません。まえがきでも書いたように、実は誰もが、既に無意識のうちにやっている可能性もあります。勝負パンツ、お気に入りのペン、ここ一番で締めるネクタイなどなど。「パソコンはウィンドウズよりマック」というのも、ルーティーンにつながるこだわりになってくるでしょう。

あるいはプレゼンの日には新しいシャツや靴下を身に着ける、というのも広い意味でのルーティーンです。

ある決まりごとによって、気持ちが引き締まったり、精神状態が切り替わったり、気合が入ったりする人は多いはずです。そして、その効果をはっきりと意識して、必ずやるよう習慣化すれば、それがルーティーンに深化するわけです。

僕自身、用具へのこだわりを強く持っていました。練習と試合では使うウェアを分けていましたし、サングラスも試合で使うのは赤いフレームのものに決めていました。ビジネスパーソンにおけるネクタイのようなものでしょう。

では、なぜ赤のサングラスか？　僕にとって赤は闘争心をかきたてる色だからです。だからこそ試合のときに使い、いわば「戦闘モード」のスイッチを入れるのです。

ただ、それはあくまで試合用。練習では赤以外の色のサングラスを使っていました。練習時に「気合が入るから」と赤いサングラスを使っていては、試合で着用するものに特別な意味がなくなってしまいます。試合のときだけ赤いサングラスを着用し、視覚的な面から「いまが勝負どころなのだ」という感覚を脳に与える、そんな効果が発揮されるのです。

これは、読者の方々の仕事にも応用できると思います。お気に入りのシャツやネクタイは、大事なときに使うというだけではなく、普段はあえて使わないようにしておく。ここ一番というときだけに使うのです。勝った負けたではなく、心の切り替えができたということが重要になるからです。

そのことで、「勝負シャツ」「勝負ネクタイ」には、より特別な意味が出てきますし、そうなれば気持ちの切り替えや集中力の向上にも役立つでしょう。お気に入りのものを普段は使わないというのも、ルーティーンの一つに数えていいでしょう。

日本オラクルの二色の会議室では

僕のサングラスの例のように、色の効用を活用している会社に、日本オラクルがあります。この会社には、「青の部屋」「赤の部屋」の二種類の会議室が設けられています。そして、「青の部屋」はアイデアをぶつけ合い議論するために、逆に「赤の部屋」は和《なご》やかな雰囲気での打ち合わせなどに使われています。

おそらく「青の部屋」は社員の交感神経を優位にし、冷静な判断と活発な議論で、驚くようなアイデアを生み出すためにあるのでしょう。

一方、「赤の部屋」は母親の胎内をイメージしたという落ち着いた赤で、副交感神経を優位にして精神を鎮《しず》め、親密な話ができるのでしょう。

話をスポーツに戻すと、陸上競技では近年、競技場のトラックの色を赤から青に変更する動きが活発です。これも、選手たちへの心理効果を狙ったものでしょう。

しかし、そもそも赤であれ青であれ「トラックの色が決まっている」ということは、それが普通の状態、フラットな状態だということです。いつも同じでは、心理的なスイッチ切り替えの効果は高いとはいえません。

僕が赤いフレームのサングラスを試合で使っていたのは、いつもとは違う色（それも闘争心をかき立てる色）を身に着けることで自分にスイッチを入れるためでした。結局は、トラックの色が何色であっても、それを普通の状態として、そのうえで自分にスイッチを入れるルーティーンを独自に持っておくべきなのだと思います。

色や手がもたらす効果の研究

二〇一五年のワールドカップでも活躍した、ラグビー日本代表の立川理道《たてかわはるみち》選手は、試合の際、手首に緑色のテープを巻くそうです。

これは、お母さんの名前が「みどり」ということからきたもの。公式戦では絶対に欠かさず、ワールドカップにもたくさんのテープを持ち込んだといいます。単なるゲン担ぎにも思えますが、想像してみると、そこには理屈を持ったルーティーンの要素があるのではないでしょうか。

まず、試合時に緑色のテープを巻けば、緑が視覚的な要素として脳に刺激を与えている可能性があります。緑色のテープを見ることで、「よし、勝負だ」というスイッチが入るわけです。

僕の場合は赤のサングラスでしたが、どの色で気持ちのスイッチを入れるのかは人それぞれ。立川選手の場合は、それがお母さんの名前にちなんだ緑だったということではないでしょうか。

また、テープを巻くという行為もルーティーンになりえます。テープを巻くのは手の作業ですから、手で感じた刺激が神経を伝わって脳に届くことになります。この刺激が試合への集中力を高めていく、そんな効果をもたらすこともあるでしょう。

ちなみに僕は、手からの刺激という意味で、靴紐を縛るという行為もルーティーンの一つにしていました。シューズの紐の結び目にテープを巻くのですが、それは試合のときだけ。普段の練習ではテープは使いません。

そう、テープを巻いたことで感じる圧力が、試合へのスイッチになるのです。もちろん、テープを巻いたほうが足がしっかりとホールドされるので滑りやすい、ということもあります。

逆にいうと、練習では本番よりも条件の悪い状態になるわけですが、それでも構いません。調子がよくなる要素を、あえて試合までとっておくことで、「これで練習よりもいい滑りができるぞ」と、気持ちを後押ししてくれるのです。

ですから、わざと自分にハンディを背負わせて仕事に臨んでみると、本番に強くなれるといえましょう。

ルーティーンは人それぞれに

僕は視覚の要素として赤いサングラスを利用していましたが、ラグビーの立川選手の場合は緑のテーピングでした。赤は闘争心の色だといわれていますが、人によっては黄色いものを身に着けると気合が入るかもしれません。

このように、色だけを見ても人それぞれ。大事なのは、自分にとって何が最適なものなのかを考え、試してみることです。

また、ルーティーンの目的も人によって違ってくるでしょう。落ち着きたいのか、自信を付けたいのか、それともテンションを上げたいのか……目的が違えばルーティーンも変わってきます。

日常生活でも、ルーティーンを活かすと、物事がスムーズにはかどります。ただ、そこで気を付けてほしいのは、誰かがやっていることをそのまま利用するのではなく、自分に合った方法を見つける、ということです。「そんなことで集中できるの？」といわれるようなことであっても、自分が集中できるのならば、それでいいのです。

最初の段階では、誰かの真似をしてもいいでしょう。「学ぶ」とは「まねぶ」という言葉から発生したものだという話もあります。僕はもともと話すことが苦手なのですが、初めて講演会を全国で行ったときには、司会と聞き手を担当してくれた方に、ずいぶん助けてもらったものです。

社会人になってからはもちろん、多くの本を読んだり、新聞もしっかりとチェックしていたのですが、知識だけではうまく話すことはできません。そんな僕に、その人は、質問の内容や方向性を巧みに変えることで、同じ内容でも飽きずに話すことができるよう指導してくれました。話し方だけでなく、聞き方にもテクニックがあるのだということにも気づかせてくれました。

それ以来、僕はその人に、話し方や講演内容の組み立て方など質問し、参考にさせてもらいました。有名な落語家の方に、間の取り方を教わったこともあります。

このように、誰かのテクニックなどを学んだり、あるいは盗んだりすることは、非常に有益なことです。先述の通り、僕はリレハンメルオリンピックで、トップ選手たちの行動をじっくりと観察しました。また、高校時代も、当時最速の選手と一緒に練習させてもらい、遠征にも帯同し、たくさんのことを学んだものです。

ただ、やはり最後は自分なりのやり方を見つける必要があります。チームスポーツの世界でも、最終的に精神をコントロールできるのは、自分自身しかいません。どんなに優秀なコーチも、フィールドに入って選手を支えてあげるわけにはいかないのです。そして、自分ならではのやり方が見つかれば、それは自信にもつながっていくことは間違いありません。

不確定要素に対処するために

こうしたルーティーンを実行するときに問題になりやすいのは、不確定要素です。「決まりごと」をやって緊張を解いたり集中力を高めることができるようになっても、いざというときにルーティーンを実行できず、あわててしまう可能性もあるのです。

たとえば、「会議の前にお気に入りの缶コーヒーを飲む」というルーティーンを持っていたとしましょう。ところが、忙しくてコンビニに行けなかったり、会社の自動販売機が故障していることがあるかもしれません。あるいは海外出張の際には、「あのコーヒーは日本にしか売ってないものだった」となるかもしれないのです。

そこであわてたり、精神状態が落ちてしまうようだと、ルーティーンの意味がありません。そのために、あえてルーティーンを作らないというアスリートすらいるくらいです。

ですが、やはりルーティーンは強力な味方。いろいろなパターンを持っておき、「Aができないなら B、B もできなければ C」というように、あらかじめ「不確定要素はあるものだ」という心構えをしておくことも大事でしょう。

先述したように長野オリンピックで、僕は他の選手の転倒とスタートやり直しによるスケジュールの遅れを体験しました。もちろんあわてたのですが、そこで「もうダメだ」となってしまわずに、リンクの内側で大の字ルーティーンをやったことが、金メダル獲得につながっています。

このように、不測の事態にどう対処するかも、ルーティーンにおいては大事なのです。ですから、ルーティーンをあまり細かく決め過ぎないほうがいいでしょう。「これをやらなければ負ける」などと、自分の心を頑《かたく》なにしないことです。

三浦雄一郎さんが感謝する雪崩

登山家・プロスキーヤーの三浦雄一郎《みうらゆういちろう》さんは、山で雪崩《なだれ》が起きたときには、その状況に感謝さえするといいます。そういう経験をできることがありがたい、ということなのでしょう。三浦さんは、どうしても避けられない不確定要素を、あらかじめ自分の運命のなかに取り込んで、むしろそれをエネルギーにしているのです。

長野オリンピックでのアクシデントについてはすでに書きましたが、実は二〇一〇年のバンクーバーオリンピックでも、不測の事態が発生していました。僕は出場できず、会場で観戦していたのですが、試合会場の整氷車が壊れて、レース開始が一時間も遅れてしまったのです。

選手は一分単位で準備していきますから、これほど遅れが出てしまうと、体調面でも精神面でも調整が難しくなります。コーチ陣もあわてふためいたはず。おそらく選手たちは、不安な思いでレースを迎えたのではないでしょうか。

こういうときにものをいうのは、やはり経験です。言い換えるならば、思考経過のストックでしょう。様々な場面を経験し、それを自分のなかに溜め込んでおけば、不測の事態も「不測」ではなくなる。長野オリンピックでレース開始が遅れたことも、僕にとってはストックを増やすいい経験だったと思います。

あるいは現役時代、交通事故で腰を負傷してしまったときには、あまりの痛みにスケートをあきらめようかとも思いましたが、「じゃあ、競技をやめたときに、自分は何ができるんだろう」「自分の経験を活かせる仕事はなんだろう」とも考えました。それが、現在経営しているリハビリ施設の開設につながりました。

それは、ひどいケガを将来を考えるヒントだと受け止めた結果です。何かアクシデントがあっても、それには意味がある、これもプラスの経験になる、そう考えることも人間には必要。現在の経験は、あなたにとっての将来のメッセージでもあるのです。

バスケットボールに目標を書いて

さて、ビジネス書などが推奨するのが、思いついたアイデアや目標をメモすること。記憶に残りやすいし、繰り返して見ることで、自分の位置を再確認することもできるということでしょう。

これは確かに理に適《かな》っていると思います。ここまでに書いたように、指先からの刺激は神経を伝わって脳に届きますから、ペンを握って書くという行為そのものに、脳を刺激する効果があるのではないでしょうか。

またメモを見れば、それが視覚的な刺激にもなります。加えて、「スケジュール以外の大事なことを書くときには赤で」などと決めておけば、ルーティーンとしての効果はさらに高まると思います。

このように、書くという行為には重要な意味があります。たとえば僕は、高校時代、「やってはいけないこと」を箇条書きにしていました。なぜ箇条書きかというと、確認しやすくするため。見返したときに、すべての要素がスムーズに頭に入ってくるのです。

箇条書きにしたもう一つの理由は、書いた内容に縛られ過ぎないようにするため。「やってはいけないこと」をダラダラと長く書いてしまうと過剰なメッセージとなり、自分を窮屈にしてしまうと感じたのです。

シンプルに箇条書きにして、なおかつ「全部はできなくても仕方がない」と思えば、余計なストレスを作りません。ルーティーンを細かく決め過ぎると、いざそれが実行できなかったときにあわててしまうのも事実です。

たとえばラグビー日本代表の堀江《ほりえ》翔太《しょうた》選手。高校時代から次の試合における留意点を箇条書きにしていたそうです。チームの戦術とは別に、どうやってアタックするか、タックルするかなど、個人的な目標を具体的に書いていた、と。そうやってポイントを明確にしていたのでしょう。

スポーツの試合では不確定要素が占める割合が大きい。よって、シンプルな箇条書きにすることは大事だと思います。実は、この話を聞いたとき、「僕と同じことをやっているのだな」と、ちょっと嬉しくなりました。

また僕は、自分の部屋にあるバスケットボールに目標を書き、それをいつも見るようにしていました。紙に書くのもいいのですが、壁に貼ると単なる「貼り紙」になってしまいます。街にある貼り紙に気づいて、しっかり見て内容を頭に入れる、という人はなかなかいないはず。自分の部屋でも同じことです。しかし、バスケットボールならば目にも脳にも飛び込んでくる、というわけです。

社会人が目標や「やることリスト」を書く場合などには、普段から目にするものや持ち歩くものに書くのがお勧めです。

そして、長い人生のなかで自分の目標から少々脱線してもかまわないとも感じています。軸さえブレなければ、また目標線上にもどるのは簡単なことだからです。

なんでも食べる人間は強い

さて、ルーティーンが実行できなくなってしまったときのこと。そこであわてないためには、ゆるめのルーティーンを作っておくことも有効です。

たとえば会議前に缶コーヒーを飲むにしても、銘柄を決めておかず、ざっくりと「コーヒーを飲む」とだけ決めておく。あるいはコーラなど、どこでも手に入りやすいものを飲むことを決まりとしてもいいでしょう。コーヒーにもコーラにもカフェインが入っていますから、「これを飲めば気持ちがシャキッとする、そのためのルーティーンだ」と意識をするのです。

僕は食べ物に関しては、特に何も決まりごとを作ってはいませんでした。というのも、海外遠征が多かったからです。スケートなどウィンタースポーツは、海外遠征が二～三ヵ月も続くことがあります。そうした選手生活をしているにもかかわらず、「試合前には日本食を食べたい」などというこだわりをルーティーンにしてしまうと、それができないことが頻繁《ひんぱん》に発生します。

そこで僕は、どの国に行っても、現地で手に入るものばかりを食べていました。たまにお米を食べるとしたら、遠征先に中華料理店があったときくらいのことでした。

日本人選手のなかには、海外遠征に日本食を持っていくという人もいます。食材をスーツケースいっぱいに詰め込んで、飛行機に乗る際にオーバーチャージを払うような人もいました。

確かに、それで対処できるといえばできるのですが、やはり「日本食を食べなければ」という気持ちは、海外ではストレスになってしまうと思います。持ち込んだ食べ物を消費していくペースに気を使わなければならない、というマイナス点もあるでしょう。

海外遠征でも日本食を食べたいという人は、それだけで海外遠征に適応できておらず、よって疲れる要素を抱えてしまったようなものなのです。「日本食を持っていかなければ」と考えている時点でマイナスだといえるでしょう。

実際、試合の結果を見ていると、どんな場所でも食べ物にこだわらない選手のほうが、いい成績を残していたように思います。もちろん、手に入る食材のなかでバランスよく食べることは大前提になりますが。

遠征になるとなぜか実力が発揮できない人というのは、確実に存在します。もしかするとその人は、食事をはじめとした環境の変化に敏感過ぎるのかもしれません。スポーツに限らず、どんな環境でも生きていけるという人は、結果を出しやすいのではないでしょうか。

そう、他文化を受け入れることができる人は強いのです。

一週間単位で考える食事法

とはいえ、僕も最初は海外での食事には慣れませんでした。口に合わないものも多かったと、正直に申し上げます。ただ現役時代の僕は、食事を「エネルギー源を摂る行為」だと割り切るようにしていました。

アスリートにとって食事は重要です。栄養が偏《かたよ》るとケガをしやすくなってしまいますし、回復も遅くなる。筋肉も弱くなります。また体の抵抗力が弱まってしまうため、風邪など病気にかかりやすくなるというデメリットもあります。

ですから、なるべく好き嫌いを持ち込まないようにしました。そして、ものを食べるときに意識したのは、「これは自分の血肉になるものだ」ということだけ。美味しいかどうかではなく体を作るためと、そう考えて食事をしていたのです。

このように割り切って食事をしていましたから、栄養を補うため、食欲がなくても無理に食べるようにしていました。

特に夏場のトレーニングでは、大量に汗をかきます。体重が落ちやすいので、余計にしっかり食べる必要があります。しかし、夏場は食欲が減退しがち。それでも、「これも練習のうちだ」と食べるようにしました。

食べ物に関しては、栄養などを細かく考え過ぎず、体が欲するものを食べるという感じ。ここで意識していたのは、一週間のなかでバランスを取るということです。これをルーティーンとしました。

肉と魚、野菜と穀物……そうした栄養のバランスを、一日もしくは一食の単位で取ろうとしている人は多いと思います。もちろん、そうできれば理想なのですが、忙しい日常生活では難しいでしょう。

「今日はあまり野菜が食べられなかった」

「このところ毎日、夕食が肉料理になってしまった」

そんなふうに意識し過ぎても、かえってストレスになってしまいます。そこで、一週間単位で栄養のバランスを考えてみるのです。

肉料理ばかりが続いたら、次の日からは集中的に魚を食べるようにする。週に一～二回、昼食ではお米やパンを減らし、野菜をたくさん食べる。そういう形で食べていけば、長い目で見て、栄養のバランスを取ることができるでしょう。

やはり何ごとも、ストイックにやろうとし過ぎると、続かないものです。ちょっと力を抜いて、長続きする方法を考えるのも大切なことなのです。

チーターの速さの秘密を考えて

さて、獲物を狙うチーターは、なぜ時速一〇〇キロにもなる速さで走ることができるのか——常に成長することを考え、あらゆることをヒントにしようとしていた僕は、必死に思いを巡らせました。

チーターが獲物を狙うのは空腹の時だけ。しかし、考えてみると不思議で、お腹が減っている、つまりエネルギーが不足しているときに、なぜ速く走ることができるのでしょうか。

僕なりに考えたその理由は、「空腹によって神経が研《と》ぎ澄《す》まされているから」というもの。僕もレースのときには五時間前に食事をし、胃を空っぽにしてから勝負に臨むようにしていました。

「腹八分目」ではないですが、満腹の状態では体が動きません。また、勝負に対する感覚も鈍《にぶ》ってしまいます。スポーツ選手以外でも、たとえば仕事のプレゼンなど何かものごとに臨むときには、腹三分目から八分目くらいのほうが、調子がよくなると思います。

ただ、レースではエネルギー源も必要です。そこで、レースに向けて、少しずつ栄養補給をするようにしていました。特に、脳と筋肉のエネルギー源となる糖分や炭水化物は重要です。

逆に、レース直前には脂質やタンパク質はあまり必要ではありません。ですから、肉もできるだけ食べないようにしていました。肉は消化にも時間がかかるため、それだけ内臓への負担が増加します。

消化に時間がかかるということは、それだけ余計なエネルギーを使うことにもなります。激しいトレーニングで疲労しているときなどは、エネルギーのロスは避けなければなりません。試合前に食べるのは、温野菜かサラダ。あとは各種のサプリメントを体に充《じゅう》塡《てん》していました。

メジャー・リーガーとしても活躍した「大魔神」こと佐々木主浩《ささきかづひろ》氏も、必ず試合の五～六時間前に食事を済ませるようにしていたそうです。

毎日できる食事ルーティーン

こうしたアスリートなみのルーティーンを使いこなすのは、一般の人にはなかなか難しいでしょうし、ここまでやる必要もないと思います。それよりも、シャツやネクタイ、飲み物のように、普段の生活でアプローチしやすいものから意識していくのがいいと思います。

身に着けるものであれば色や着心地、道具なら使用時の感触など、何かしら神経を通して脳に訴えかける要素があるものなら、それをルーティーンとして形成する材料になります。

食事も身近な材料の一つでしょう。アスリートのように、とことんこだわる必要はありません。この場合のルーティーンとは、健康という結果をもたらすための習慣づけ、という意味になります。

たとえば、トンカツが好きな人だったら、普段は衣《ころも》を半分はがしてみてはどうでしょうか。衣を全部はがすのではなく、片面だけはがすのならば、カロリーを抑えつつ衣の食感は味わえます。必ず実行できるようになれば、「決めたことを遂行した」と脳にポジティブな信号が届き、それが集中力を養うことにもつながるでしょう。

僕はいまでも、生ハムの脂身《あぶらみ》の部分や、天ぷらの衣も取ってから食べます。ただ、仕事の会食の席など、ＴＰＯによっては全部食べることもあります。

また、どうしてもトンカツを食べたいというときは、ヒレ肉にします。ロースカツが出てきたときは、端にある脂は取ってから食べます。そして、脂身まで食べたいときは、半分を残すのです。加えて、パンを食べるときにも、マーガリンやバターは使いません。脂分を摂らなければ、消化のための余分なエネルギーを使わないで済むというメリットがあります。

こうした食生活は、僕が現役時代から続けてきたからできることかもしれません。そのように癖が付いているということは、すなわちルーティーンに昇華しているのでしょう。ただ、読者の方々が、いきなり同じことをしようと思っても、それは難しいことかもしれません。でも、トンカツの衣を半分はがすところから始めてはいかがでしょうか。それだけでもそこそこの量がありますから、一ヵ月、あるいは一年経つと、びっくりするくらいの脂を抑えていることになります。

このように、小さな努力、小さなストイックから始めていきましょう。

一週間だけのベジタリアンで体は

食べ物に関しては、いろいろと変化させたり、工夫《くふう》したりといったことがしやすいですから、読者の方々もぜひ試してほしいと思います。

たとえば、一週間だけベジタリアンになってみる、というのもやり方の一つ。特に外食中心、肉中心の食事をしていると、代謝が悪くなってきますし、疲労もたまりやすい。そこで、一週間だけベジタリアンの生活をして、野菜とフルーツだけを食べるというのもいい方法だと思います。

それでもし、お腹がすくようでしたら、ナッツを食べる。一週間というのはなかなか厳しいかもしれませんが、「一週間やり抜かなければ」というプレッシャーを感じることも、精神面にはいい効果があると思います。食事を、ただ楽しいものとしてだけ考えるのではなく、「ルーティーン力」を高めるための機会だと考えるのです。

最初は難しいかもしれませんから、まずは「一日ベジタリアン」から始めてはどうでしょうか。たとえば朝食にフルーツだけを食べれば血糖値が素早く上がり、体も心も活動的になります。そして、脂肪細胞のむくみを小さくしたり、利尿効果もあります。「昨日は食べ過ぎてしまったな」というときには、これがトータルのカロリー摂取量を減らしてくれるでしょう。

また、食べる順番も重要です。野菜や海藻といった繊維質のものを先に食べると、炭水化物の吸収率が抑えられます。実際の食事でも、サラダから始まってメインのおかず、そして炭水化物という順番。そう考えてみると、コースメニューというのは、実に理に適っているなと思います。

ポーカーフェイスの効き目

日常の中の小さなことに、一つまみだけルーティーンの要素を取り入れていくだけでも、生活は変わるはずです。そうして決まりごとを習慣化していくと、その経験が「動揺しない自分」を作ってくれることにもつながります。

「あの人は何があっても落ち着いているなあ」といわれるようなタイプの人と、「あの人はすぐに顔色が変わるよね」といわれる人とでは、周囲の信頼感が違うので、結果的に仕事の成果にも影響が出てきます。

また、「動揺しない自分」を作るということは、いつでもポーカーフェイスでいられるということでもあります。先述の通り、僕はライバルにプレッシャーをかけるためにポーカーフェイスにこだわりましたが、仕事では、周囲への好印象につながります。どんなトラブルがあっても表情が変わらない人は、頼りにされるようになるのです。

繰り返しますが、ポーカーフェイスでいることは、スポーツでは重要な要素です。いかにも気合十分という感じで闘志に満ち満ちた顔つきの選手もいますが、気持ちが昂《たかぶ》り過ぎると、本来あるべき自分の姿を見失ってしまうことがあるのです。

そんな顔をライバルに見られてしまうと、「あいつはいま、平常心ではないな」と思われる。それだけでも、ライバルは精神的な優位に立てるわけです。

逆もまた真なり。たとえば日本のプロ野球では、ホームランを打たれたピッチャーがマウンド上でがっくりと膝をつくシーンを見かけますが、これではいけません。一方メジャーリーグの放送を見ていると、打たれたピッチャーは、まさにポーカーフェイス……平気な顔をしてキャッチャーからボールを受け取っています。

僕も、ホームランを打ってガッツポーズをする選手より、冷静な表情でベースを一周する選手が好きです。そのほうが、相手に恐怖を与えると思うからです。「この程度は当たり前だ」という無言の圧力を。

感情を顔に出してしまうのは敗北の始まりです。僕が表情筋を意識するようにしていたのも、リラックスするためだけでなく、ポーカーフェイスを作るためだったのです。

そしてもちろん、ポーカーフェイスを意識して作れるようになれば、「表情をキープできるのだから、まだ大丈夫だ」と、自分に自信や安心感を与えることにもつながります。

うまく表情筋を緩めることができないという人は、ドラッグストアなどで売っているフェイスシートを使うのもいいでしょう。このシートを使って顔の筋肉をリラックスさせ、その状態を体に覚えさせるのです。

そして、このときのリラックスした状態を覚えておくことも重要です。そうすることで、いつでも「表情筋をコントロールしてポーカーフェイスを作る↓そのことで脳をリラックスさせる」というルーティーンが身に付くのです。

オリンピックなど究極の勝負のなかで維持するポーカーフェイス……意識と技術で表情筋を緩めるのですが、しかし体全体が緩んでしまうと競技力は上がりません。

意識的に一部を緩めることで、鋭さとしなやかさを兼ね備えた動きを作る、そんな感じです。

こうして自分の心と体を完全に支配下に置くことができたら、一流アスリートなみのルーティーンの使い手だといえるでしょう。プレゼンの名手にも、トップ営業マンにも、あるいは研究の鬼才にもなれる資格を持ったといえます。

曜日ごとの感覚を作るとどうなる

第一章で書いたように、僕は一週間のトレーニングメニューを、ハードに追い込む練習日を軸に組み立てていました。ハードな練習をするのは、主に火曜日か土曜日。日曜日に休んで、月曜に体を慣らしてから、火曜日にハードな練習をするわけです。また土曜日は休日の前ですから、全力を出し切りやすいという点も考慮しました。

こういうスケジュール感覚は、読者の方々の仕事にも活かせるものだと思います。僕が考える「各曜日の気持ちの持ち方と練習の目安」は、こんな感じです。

まず月曜日は、休みが終わってダルい感じがしますし、体が十分に動かない。ですから、体慣らし程度の練習でよしとします。特に午前中はダラダラと過ごします。

仕事でも、この日は「徐々にエンジンをかけていくぞ」というくらいの気持ちでいたほうがいいのではないでしょうか（実際には、休み明けだからこそ忙しいという仕事の人もいるとは思いますが）。

火曜日と水曜日は、本気を出す日です。練習でも、月曜日に体を慣らしているので、エンジン全開、全力で取り組むことができます。仕事でも、火曜日と水曜日を「ピークデー」として考えてみてください。

木曜日は、火曜と水曜のピークを超えて、一休みする日。仕事でも疲れを感じてくる頃だと思いますし、友人と飲みに行ったり、リフレッシュするのは、この日がいいと思います。練習でも、僕は木曜を調整日に充てることが多かった。無理なトレーニングはしませんでした。

木曜日に無理をせず、リフレッシュすれば、金曜は元気いっぱいで過ごせるはず。週休二日の人ならば休みの前日でもありますし、ここは全力で行きたいところです。特に翌週に向けての準備を進めたり、その内容を確認して、確実な成果が出るよう差配《さはい》できるはずです。僕は日曜が休みでしたから、土曜日をこれに充てていました。

いかがでしょうか。このように一週間のなかでリズムを作っていくことで、仕事もトレーニングも飽きずに続けることができると思います。毎日、常にパワー全開では、体も心ももちません。すると、せっかくの土日という休日も家でゴロゴロ……なんのリフレッシュにもなりませんから、クリエイティビティもエネルギーも増進させることはできないでしょう。

一週間、どのようなスケジュールで仕事に取り組むか——それを書き出した「努力週表」を作ってみるのもいいでしょう。スケジュールを決めれば、「よし、今日は火曜日だ、全力で行こう」などと、スイッチを入れやすくもなります。

「徐々にエンジンをかけていくとか、調整の日とか、そんな余裕はないよ」と思うかもしれませんが、焦《あせ》らないことも物事をうまく進める条件の一つです。また、「月曜日は失敗しても仕方ない」といった気持ちでいるのも大事なことです。そのぶん、火曜日と水曜日の「ピークデー」に頑張ればいいのですから。あるいは木曜にペースを下げることで、金曜日に「頑張らなくちゃ」という気持ちが湧きやすくなるかもしれません。

また、専門的にウェイトトレーニングをしている人にとっては常識ですが、運動も曜日によって内容を変えるとうまくいきます。

トレーニングで筋繊維を痛めつけ、そこに栄養と休息が加わり、その後の「超回復」によって筋繊維を太くする――このサイクルのなかで、疲労しっぱなしでは「超回復」は生まれません。そのためウェイトトレーニングでは、たとえば月曜日に上半身メインで鍛えたら、火曜は休ませて、下半身中心のメニューにするのです（実際には、もっと細かい部位に分けて鍛えていきます）。

一般の方々が健康のために運動をする場合でも、ウォーキングやランニングをベースにしながら、「月曜日は腕立て伏せ」「水曜日はスクワット」など、曜日によってメニューを変えていけば、飽きずに続けられると思います。何よりも筋肉に刺激を与えること自体が大切なのですから。

自分の体温と匂いを感じる効用

さて、試合前に緊張したとき、僕はルーティーンの一つとして、両手で鼻と口を覆《おお》いました。この動作をすると、吐く息が手のなかにこもります。すると、自分の体温や匂いを感じることができ、なぜか落ち着きを取り戻しやすくなったのです。

たとえば親しい人に手を握ってもらうと、人間は安心できるものです。それは体温を感じるからでしょう。暖かい空気そのものにもリラックス効果があります。それと同じ効果を、自分の手でやってみる。緊張すると呼吸が速くなり、そのことで息苦しい感じがしてしまいますが、手で鼻と口を覆うことで、呼吸を意識することもできるようになるのです。

手の平の匂いといっても、普段は意識していないと思います。ただ緊張して神経が敏感になってくると、嗅覚《きゅうかく》も鋭敏になり、匂いを感じるようになるのです。

それをルーティーンとして身に付けるための準備段階として、ハンドクリームを使うというのも方法の一つ。お気に入りの匂いのハンドクリームを用意しておいて、クリームを塗りこむ動作という形で手を動かし、神経を刺激するわけです。ハンドクリームの匂いを嗅《か》ぐことで、脳にリラックス感を錯覚として定着させるのです。

これはコンパクトな動作ですから、僕と同じ動作をするかどうかは別として、ビジネスシーンの各所で取り入れることができるのではないでしょうか。

僕の想像に過ぎませんが、ラグビーの五郎丸歩選手のルーティーンにも、体温を感じるという要素があるのではないでしょうか。

そう、あの有名な、手を忍者のように組むポーズです。手を合わせれば体温を感じる。そのことによって、心を落ち着かせるのだと思います。もしかすると五郎丸選手自身は無意識かもしれませんが、そういう効果も十分に考えられます。

僕の場合、手の平の匂いと体温で気持ちを落ち着かせ、そこから足の甲をトレーナーにほぐしてもらい、リラックスした感覚を全身に広げるようにしていました。先述の通り、緊張すると体内が酸素過多になるのですが、足の甲を手で押さえると、それをコントロールできるようになるのです。

また、ドイツ製のウォーミングアップ・ローションも使いました。これは脚に塗ったのですが、ちょっとした発汗作用があるので温かみが広がり、その感覚から落ち着けるようになりました。

講演会やプレゼンのルーティーン

スポーツを離れた僕の経験を、もう少し述べさせてください。

現役を引退したいまでも、僕は競技生活で培《つちか》ったルーティーンや思考法を実践するシーンがあります。たとえば、講演会です。

講演会と一口にいっても、その内容は毎回、変わります。話す事柄だけでなく、お客さまが違うわけですから、会場の雰囲気も様々。決まりきった内容を話すだけでは、会場の雰囲気、お客さまの気持ちをつかめません。当然、内容も変わってくるのです。

ですから、講演会では毎回、その場に合った集中力の高め方をしていく必要があります。そこで僕がやっているのは、お客さまが入場される前に客席に行き、メンタル・リハーサルをすることです。

前方の席だと、自分の位置はどれくらい近いのか。後方からは、僕が話している姿はどう観えるのか。それをイメージしてみると、不思議に集中力が上がっていきます。これは僕が現役時代、客席からスケートリンクに降りて行ったのと同じやり方です。

そうして何を話すか考えていると、当然ながら緊張してきます。しかし、これも現役時代と一緒。むしろ緊張しなければ集中力は高まりませんから、歓迎すべきことなのです。

何を話すか考えれば考えるほど緊張してきます。これが講演会の三〇分ほど前。そこで話す内容をしっかりと決め、緊張感を味わうことに集中。そのうえで自分をリラックスさせて壇上に向かう。これが講演会での僕のルーティーンです。

緊張のピークに達してからは、話す内容の基になるメモは見ないようにします。そして、壇上に持っていくのは、箇条書き程度のシンプルなもの。お客さまの雰囲気を感じながら話していくと、必ずしも想定通りにいくとは限りませんし、脱線することも多々ありますから、そういうときに本来の趣旨に戻れる程度の内容で十分なのです。

講演中に緊張してしまうこともありますが、そのときは客席に降りていく場合もあります。たとえば、写真を撮ろうとしている人がいたら、「せっかくですから、一緒に撮りましょう」などといって、自分から向かっていったりすることもあります。

客席に降りていけば、目の前の風景が変わりますから、気持ちの切り替えにもつながります。もちろん、お客さまも驚きますから、雰囲気が硬かったとしても、そこで変化を起こすことができるでしょう。話す内容が真面目《まじめ》過ぎるものになってしまい、退屈している人がいたとしても、「えっ？」となって、流れが変わるのです。

そうやって、会場全体を巻き込んで一体化させていくのが、僕の講演会なのですが、これはビジネスシーンの各所でも応用できないでしょうか？　僕はビジネスマンとしてはまだ駆け出しですが、プレゼンに際しては、同じようなことを意識して行っています。ビジネスにおけるルーティーンに昇華させたいと、いま努力しているところです。

もともと、しゃべることはあまり得意ではないので、うまくいくときばかりではありません。しかしだからこそ、いまでも「もっとうまく話すためにはどうすればいいか」と考えますし、それが自分を成長させてくれるのだと思っています。その際に、ルーティーンは強い味方になってくれます。

慶應義塾大学名誉教授の竹中平蔵《たけなかへいぞう》氏のお話を講演や授業で何度も聞いたことがあるのですが、聞く側を飽きさせない見事なものでした。竹中氏が何かルーティーンをお持ちなら、ぜひ教えてもらいたいと思いました。

第四章　充実した人生を作るルーティーン

「無の境地」はありえない

ここまで、ルーティーン、つまり肉体を使って精神をコントロールする方法を紹介してきましたが、誤解してほしくないのは、ルーティーンで目指すのは、いわゆる「無の境地」ではないということです。

人間は、どうしても欲を持ってしまいます。しかし、それは決して悪いことではありません。それをモチベーションと言い換えることもできます。僕だって、「オリンピックで金メダルを獲りたい」という欲をずっとキープし続けていました。欲は無理に消さなくてもいい、ということでしょう。

読者の方々が、何か大事な場面で「集中力を高めたい」と思っても、決して「無の境地」を目指したりしないでください。修行を積んだお坊さんではないのですから、「無」になることなど無理なのです。

ルーティーンは「無の境地」などではなく、自分を「何かしらの精神状態」に持っていくためのもの。「テンションを上げる」「緊張を解く」「普段と同じメンタルを維持する」など、その精神状態、目指す境地は、人によって様々でしょう。

　このように、それぞれの個性に応じて精神状態を強固なものにするのがルーティーンです。無理をして「無の境地」を目指す必要などありません。むしろ野心や欲があってこそモチベーションが上がる、といっても過言ではありません。

武者震いの正体

　自分を「何かしらの精神状態」に持っていくためのルーティーンとして、言葉を使うのも有効です。前向きな気持ちになりたいのであれば「さあ行こうか」とか、「よし！」と小さく独り言をいう。大事な場面では必ずその言葉を使うと決めておけば、小さなことでもルーティーンになりえます。朝起きたときに言葉を発するのでもいいでしょう。

　これは、言葉の力でアドレナリンを出しているのです。

　アドレナリンとは、交感神経を活性化させて興奮状態をもたらす神経伝達物質です。ストレスを受けたときや危機に遭遇したときなどに血中に放出されます。そして、筋肉中の血流を良くし、血糖値を上げ、気管支を広げます。こうして危機的状況を打開するため、肉体のパフォーマンスを高めてくれるのです。

　現役時代の僕はどうしたか？　実は言葉ではなく、呼吸を使っていました。

何か嫌な感じがするときは深呼吸をするといいといわれます。ですが、僕の場合は逆。丹田《たんでん》に力を込めて「ハッ」とか「フッ」と、強く短く息を吐き出すのです。そのときに、「これでネガティブな考えを吐き出しているのだ」と、強くイメージしていました。

決まった言葉を吐き、あるいは呼吸法を駆使することは、やはり肉体的な作業ですから、これまでに紹介してきたルーティーンに当てはまります。

サッカーやラグビーの選手が、試合前の国歌斉唱《こっかせいしょう》で、時には感涙《かんるい》にむせびながら大声で歌っているシーンを見かけます。あれもわざと興奮状態に自分を置いて、テンションを高め、パフォーマンスの向上を図るルーティーンなのかもしれません。

肉体的な作業という意味では、ラグビーのニュージーランド代表、オールブラックスが試合前に行う戦いの踊り「ハカ」も、効果的なルーティーンになっているはずです。

国の代表として、国民の期待を背負ってプレーするというのは、確かに選手を熱い気持ちにさせてくれます。こうした闘争心が最高に沸騰した状態、そのときに起こるのが武者《むしゃ》震《ぶる》いです。

僕も、一度だけ武者震いを経験したことがあります。といっても、狙ってそうなったわけではありません。試合前、なぜかガタガタと体が震えてしまい、「もしかすると緊張し過ぎているのかな。自分の体をコントロールできていないとしたらマズイな」と思ったのですが、意外や意外、素晴らしいタイムをたたき出しました。

武者震いとは、おそらく極度の興奮状態を抑え込んだときに出てくる現象なのだと思います。先述した、あふれ出してくる闘争心を抑え込み、コップの水が表面張力で保たれているような状態……そのギリギリのバランスが、「震え」という肉体の反応になって表面化するということなのでしょう。

そうなるのも、神経が研《と》ぎ澄《す》まされているからこそ。読者の方々も、自分が緊張で震えていると感じたときには、「これは武者震いかもしれない。神経が研ぎ澄まされ、闘争心がベストの状態になっているんだ」と考えてみてください。そうすれば、緊張が吹き飛び、最高のパフォーマンスを発揮できるかもしれません。

いや、緊張すること自体が素晴らしいことなのだと理解していただきたいものです。

本当のゴールは一〇メートル先に

先述したように、僕の父は非常に厳しい人でした。練習も壮絶なもので、疲れが溜まり、コースを滑りながら眠ってしまったことすらあります。

当時、使っていたリンクは屋外にあったので、コースサイドには雪や氷のかけらが積み上げられていました。あまりの酸欠状態のため、滑りながら眠ってしまった僕は、転倒してコースから飛び出し、頭から氷の山へ……血だらけになった僕を見て、周りの大人たちは応急処置をしてくれ、「救急車を呼ぼう」となったのですが、父だけは、「さぁ、もう一度だけ滑ってこい」と、僕に命じました。練習中に気を抜いた自分が悪いのだ、というのです（その後、練習をやり遂げると「よくやった」とほめてくれましたが）。

それくらい厳しい父ですから、試合で勝っても喜んだ素振りを見せることはありませんでした。レースに勝っても、それで調子に乗ってはいけないということだったのでしょう。それよりも、新たに反省点を見つけて次のレースに活かすことが大事だ、そういう考えだったのです。

父が最も嫌ったのは、レースを途中であきらめたり、気を抜くことでした。たとえば、トップでゴールするときには、勝利を確信しているために最後の一蹴りで気を抜いてしまうことがあります。そういうときに、父はものすごく怒るのです。

「ここはゴールラインじゃないんだ。おまえのゴールは、この一〇メートル先だ！」

父はよく、そういっていました。ゴールライン寸前で気を抜かない。そして、ゴールラインより一〇メートル先を本当のゴールと考えれば、それだけで全力を出せる。そうなればタイムを少しでも縮めることができる……。

　また、一日に一％だけ余計に努力すれば、一年後には三六五％の結果が待っていてくれる、とも。

　こうした父の教えは、競技だけでなく、僕の人生にも大きな影響を与えたと思います。ゴールする、つまり目標をクリアすることが大事なのではなく、常にその先を目指す。さらに成長するためにはどうするのかを考える……。

　そういう意味で、父から、そしてスケート人生から学んだことは、引退後も確実に活きており、ビジネスにも活用されているのです。

プラスアルファの見つけ方

ゴールを少し先に設定するということは、結果を残すためには常にプラスアルファを考える、ということでしょう。

　スポーツ選手は、指導者から練習メニューを与えられるのが普通です。最初から何もかも自分でできるわけではありません。ただ、与えられたメニューを消化するだけでは、トップレベルの選手にはなれない。指示をこなすだけでは、成長にも限界があるのです。結果を出すことができる選手は、与えられたメニューをしっかりとやったうえで、さらなるプラスアルファ、すなわち自分独自の練習や工夫に取り組んでいるものなのです。

日常生活でも、一日に一つ、何かしらプラスアルファをやってみてはいかがでしょうか。たとえそれが一分だったとしても、毎日やれば一年間で三六五分、すなわち約六時間分です。与えられたメニューをこなすだけの選手、先輩社員の指導を丸呑みするだけのビジネスマンよりも、ずっと先に進むことができます。

誰でもモチベーションを維持するのは大変です。しかし、もっと何か変化を、もっと次の課題を、といった探求心は、誰でも持てるはずです。

あるアスリートは、練習後に飲むプロテイン（タンパク質）について、「すぐには効果を実感できないけれど、一年間飲み続けた人と、まったく飲まない人では、確実に差が出るものだ」といっていました。毎日継続できる小さなことを見つけて、自分を成長させていきましょう。

「もっと何かできないか」と考えることをルーティーンにすれば、目標に対する強い意識づけにもなります。

このように、人生やスポーツでの目標を達成するため、そのモチベーションを保ち続けるのは、そう簡単なことではありません。僕の目標はオリンピックで金メダルを獲ることでしたが、四年間という時間は長いものです。どこかで気が抜けたり、あきらめてしまったりした可能性もあります。

ただ僕には、もう一つの目標もありました。それが、世界新記録を樹立することです。オリンピックでの金メダル獲得は、チャンスが四年に一回。これは長期的な目標といえるでしょう。それに対し、世界記録は中期的な目標。毎シーズン、狙えるものだからです。

ここに、さらに短期的な目標、たとえば「毎日の練習で絶対に手を抜かない」「来月までにウェイトトレーニングの重量を○○キロ増やす」といったことを設定しておけば、モチベーションは保ちやすくなるはずです。

朝一〇分の筋トレで一日の熱を

このようにルーティーンには、緊張をほぐすだけでなく、モチベーションを高める効果もあります。そこで読者の方々にお勧めしたいのは、朝起きてから行う筋トレ。一日を有意義に使うための「熱」を生み出してくれます。

朝はジョギングをするという人が多いと思います。が、朝の有酸素運動は、僕としてはお勧めできません。というのも、スポーツで有酸素運動はクールダウンのために行うものだからです。体を温めるために行うこともありますが、基本的には血流をよくする効果があるために、眠くなりやすいのです。

それよりも、朝は筋トレのほうが効果的だと思います。筋トレによって男性ホルモンが（女性にも）分泌《ぶんぴつ》され、アドレナリンも出ますから、やる気や前向きな気持ちが生まれるのです。汗をかいて筋肉が熱を持つので、特に低体温で冷え性の人などは、朝から動きやすく感じるはずです。

筋トレといっても、ハードなことをやる必要はありません。成人なら、腕立て伏せ一〇回を二〜三セットくらい。それに腹筋一〇回を一〜三セットが標準でしょうか。時間としては、一〇分程度で構いません。ジョギングに比べて短時間で済みますから、忙しい朝の日課としてはジョギングよりもお勧めです。

注意したいのは、筋トレではアドレナリンが生じるため、夜に行うと興奮状態になりやすく、眠れなくなることがある点です。そんな意味でも、朝は筋トレ、そして夜、仕事が終わってからジョギングをする、というのが効果的なパターンなのです。

この朝の筋トレは、毎日やらなくてもいいでしょう。「朝、やる気を出して仕事に向かう」という目的のためであれば、できる範囲で、週に二〜三回で構いません。ただ、特にお勧めしたいのは、月曜日の朝にやることです。

読者の方々も経験があると思いますが、月曜日の朝ほど憂鬱《ゆううつ》な時間はありません。休日である日曜日が終わってしまい、「あぁ、これからまた一週間のあいだ働かなくちゃ」と考えてしまう……だからこそ、短時間の筋トレでアドレナリンを出すのです。こうして自分のエンジンをかけるイメージです。

もちろん大事なことは、この筋トレを、ルーティーンとして習慣付けることです。

朝の筋トレを習慣化すれば、起きた時点で「筋トレをやるぞ」という気持ちが生まれるようになります。筋トレをする前から精神的な「やる気モード」に移行しているのです。

朝のスタートダッシュとしての筋トレだけでなく、一般的な筋肉の鍛錬も、ぜひ読者の方々にやってほしいことです。というのも、筋肉は鍛え続けていないと衰えてしまうからです。

特に下半身の筋肉は衰えやすいもの。そうなると、階段だけでなく、ちょっとした段差でもつまずきやすくなり、骨折などの大きなケガにつながります。また筋トレは、骨粗《こつそ》鬆症《しょうしょう》の予防にもなります。

ちなみに僕の場合、いまでもベンチプレス（トレーニングベンチに仰向けになってバーベルを持ち上げるトレーニング）では現役時代と同じくらいの重量を挙げることができるのですが、バーベルスクワットは四分の一ほどの数値になっています。すなわち、現役時代は二七〇キロを持ち上げていたのに、いまは七〇キロがやっと……。スケート選手でしたから、現役時代は極度に下半身を鍛えていたということもあるのですが、やはり大腿部や臀部《でんぶ》の筋肉は衰えやすいのです。

ジーンズのサイズも変化しました。現役時代は太ももが太過ぎたため、ウェストでサイズを合わせると、脚が入りませんでした。このとき太もものサイズを基準にしてジーンズを選ぶとしたら、ウェストは三七〜三八インチ……それをベルトで絞って穿《は》いていたのです。いまではジーンズのサイズは三二インチです。だいたい七〜八センチ、太ももが細くなったということでしょう。

一般の方々は、ハードなウェイトトレーニングを行う必要はないと思います。とはいえ、家でできるような筋トレを、無理のない程度に習慣化してほしいものです。これは、元気な老後を過ごすためのベースにもなります。

「小さなストイック」のすすめ

ところで、朝一〇分の筋トレや、トンカツの衣を半分はがして食べるようなことを、僕は「小さなストイック」と呼んでいます。

オリンピックで金メダルを獲ることは、とてつもなく遠大な目標です。それを達成するため、毎日少しでもプラスアルファの努力をしてきたということは、すでに書きました。大きなハードルを越えるために、日々の練習や生活で、小さなハードルを数多く越えていく。その積み重ねの先に、金メダルがありました。

その小さなハードルを越えるための、ちょっとした我慢や努力が、「小さなストイック」。この本を読んで、何かしっかりしたルーティーンを確立してみようと思ってもらえれば嬉しいのですが、しかし、いきなりハイレベルなものを目指す必要はありません。

そこで、第三章とこの章で書いた、日常の小さな変化としてのルーティーンを試してみてほしいのです。食事など、何かちょっとしたことを工夫してみる。小さなハードルを越えてみる。その経験の積み重ねが、やがて自分を完全にコントロールできるルーティーンに進化します。「今日は肉を食べないようにしよう」「今週、一日だけは晩酌《ばんしゃく》を我慢しよう」……こんな我慢ならば、気軽にトライできます。

ちなみに僕の経験からすると、我慢をしてみる「ストイックデー」に最適なのは、なぜか水曜日です。仕事が始まる月曜日は体を慣らし、火曜と水曜に調子がいい状態で頑張るというスケジュール感覚についてはすでに書きましたが、このピークの日は、心身ともに乗っているだけに、我慢もしやすいのでしょう。

日常の動きを筋トレに転化

さて、何度も書いてきましたが、僕は身長が低い。しかも喘息持ち……そこで、健康で大きな体を持つライバルたちに勝つため、特にフィジカルを重視してきました。先述した「体技心」です。

背が低いということは、筋肉の絶対量がほかの選手よりも少ないということ。だから僕は人一倍、体を鍛える必要がありましたし、外国の選手が意識していない、体の細かい部分まで意識して使うことを心がけてきました。それで金メダルを獲れたのだとしたら、まさに「塞翁《さいおう》が馬」、あるいは「一病息災」です。

そこでは、筋肉の量を増やすだけでなく、関節の可動域を広げることも大事な要素でした。たとえば同じものを持ち上げるにしても、腕の力だけを使うより、上半身全体を使ったほうが効率がいい。そのためには、関節の可動域を広げていくことが大事なのです。

また関節を広げるトレーニングをすれば、筋肉と骨のあいだをつなぐ細かい腱も発達していきます。そうやって体のすみずみまで鍛え、意識することが、世界で勝つための秘訣の一つでした。

スポーツだけでなく、普段の生活でも、これは意識してほしいところです。たとえば、コップに入った水を飲むときにも、手だけで、あるいは肘《ひじ》から先だけでヒョイッと持ち上げるのではなく、肩甲骨の動きを意識してコップを持ち上げてみる。そうすることで、体全体を効率よく使う動きが身に付いてきます。

「神は細部に宿る」といいます。日常生活や仕事でも、細かい一つ一つの動きこそ、探求心を持って突き詰めるべきなのです。

たとえば、こんなこともできます。二の腕の下のほうがたるんで気になる女性。ならば、ハンドバッグを持つときに、中指、薬指、小指の三本だけで持つように意識してみてください。毎日やれば、引き締まっていくこと請《う》け合《あ》いです。また、手の小指側は背中の神経にもつながっているので、結果、背中を鍛えていることにもなります。加えて、脂肪燃焼を高める効果もあります。

同じ持ち上げるという動作でも、親指側から上げるのと小指側から上げるのでは、使う筋肉や神経が異なるはずです。だから大事になるのは、やはり鍛えている箇所を意識すること。たとえば「いま、二の腕を鍛えているのだ、二の腕のたるみを取っているのだ」と意識することで、鍛錬の結果は、大きく向上します。

これは、先述した「朝一〇分の筋トレ」と同じような効果を発揮します。指三本でバッグを持つ動きを、「筋トレ」に転化するのです。「バッグを持つときは、中指、薬指、小指の三本で」――ぜひルーティーンにしてください。

上原投手が伝える重要なこと

ここまで、第三章と第四章では、日常の習慣づけとしてのルーティーンの例をいくつも紹介してきました。これはスポーツにおけるルーティーンとは別ものに見えるかもしれませんが、ルーティーンとは、日々の積み重ねをコツコツとやっていくことで身に付くものなのです。

すなわち、どんな小さなことでも、自分で決めたことをしっかり実行する癖を付ければ、ここ一番でのルーティーンの効果が発揮しやすくなります。

メジャーリーグで活躍する上原浩治《うえはらこうじ》投手は、オフのあいだもあまり休みを取らず、しっかりと練習を続けるそうです。また自主トレでは、毎日、地道に同じ練習メニューをこなしているそうです。上原投手は、その意味を「朝日新聞」のインタビュー（二〇一六年三月一二日付）で、こう語っていました。

「一、二日休むと、せっかく作った体を取り戻すのに三、四日はかかる。だから動かせる時は動くんです。同じことをやるのは、しんどい。でも、それをずっと続けないと、成長はない」

また、「取り組んでいることが完成する前に新しいことに手をつけるのは、もったいない」とも……上原投手は「同じことをコツコツ続ける」というルーティーンの基礎となる要素を、しっかりと身に付けているということなのでしょう。だからこそ、日本でもアメリカでも、一流の成績を収めることができたのだと思います。

上原投手は二〇一六年現在も、東日本大震災の被災地である岩手県で少年野球教室を開催していますが、これも「続けること」の大切さを知っているからなのでしょう。

コツコツと続けることは、何かしらの動作が体に染み付く、ということです。上原投手のケースではピッチング。アメリカは広いですから、球場によって標高も違うでしょうし、気候も変わってくる。投手にとって重要な皮膚の感覚も違うはずです。そういう環境の変化のなか、いかに同じレベルを保つか。そのためには、ピッチングの感覚を体に染み込ませることが重要なのでしょう。

日々の繰り返しは、自分を「考えるより先に体が動く」匠《たくみ》の領域に引き上げる作業でもあります。ビジネスにおいても、普段の仕事は単調な作業の繰り返しかもしれません。ただ、それに真面目《まじめ》に取り組むだけでも、自分をレベルアップさせることができるのです。

ルーティーンには安心効果も

一方、大相撲の琴奨菊は、取組前に体を大きく反らす「琴バウアー」と呼ばれるルーティーンで有名です。しかし琴奨菊は、「琴バウアー」以外にもさまざまなルーティーンを持っているそうです。

準備運動の順番やトイレのタイミング、それに栄養ドリンクなど飲み物を飲む順番、さらには聴く音楽まで決めて、それをしっかり守っているそうです。

ルーティーンを細かく決め過ぎてしまうのは、不確定要素に左右されやすいためお勧めしません。ただ大相撲の場合、両国国技館をはじめ会場が決まっていますし、不確定要素が介入する要素が極めて少ない、そんなところにメリットはあると思います。

「試合の前にはこれをやる」「練習ではこうする」――こんなルーティーンを決め、確実に実行していくと、その手順のなかで徐々に集中力が高まり、精神的な作業もしやすくなります。また「このタイミングでこれをやる」と決めてあれば、あとはそれをやるだけなので、精神的な余裕や安心にもつながってきます。それだけ「迷い」がなくなるのです。

たとえば、試合前など極度の緊張状態にあるときには、「いまのうちにトイレに行っておこうかな」と考えることですら雑念となり、集中力の妨げになってしまうもの。一方、「試合の一〇分前には必ずトイレに行く」と決めておけば、そうした雑念からも解放されるわけです。

ルーティーンを実行することで余裕が生まれれば、仕事や日常生活を充実させることにも役立つのではないでしょうか。

右脳と左脳をつなげる作業

また、テレビに出演する際、本番前に緊張してしまったときに僕がよくやるのが、「右脳と左脳をつなげる」イメージです。

右脳は左半身を司《つかさど》り、創造性やイメージに関連する領域だとされます。一方、左脳は右半身を司る脳。言語など論理に関連する領域とされています。

かくいう僕は右脳の働きが強いようで、体を動かしたりイメージしたりするのは得意なほうです。しかしテレビでコメンテーターを務めるようなときには、左脳を使って上手に言葉を操っていかなければなりません。

そこで、右脳と左脳のバランスをとるために、頭のなかで「∞」の形を描きます。目を閉じて、「∞」をイメージして描いていくと、体のバランスも良くなったような気がしてきます。すると、言語の感覚も体とマッチしてくるように感じるわけです。

このように、ルーティーンとはちょっと違いますが、頭のなかのイメージで自分をコントロールしやすくする方法もあるのです。

ルーティーンを強化する方法

僕は、このようにイメージを使ってリラックスする方法を、いろいろと試してきました。たとえば、ぬるま湯が頭の先から少しずつ体の下のほうに流れていくというイメージ。暖かさに包まれることをイメージし、リラックス効果を狙うわけです。

顔にマスクやパックをした状態をイメージすると、表情筋を緩めることにもつながります。このときも、顔から腕、そして脚へとイメージする箇所が下に降りていく。すると、布団をかぶって暖かさに包まれているような感じになり、リラックスすることができるのです。

このイメージを作り上げるときに大事なのは、自分がいま、リラックスした状態にあるということを体に言い聞かせるようにすること。その結果として、副交感神経を働かせることができるのです。

顔から腕、脚を経て、暖かくリラックスしたイメージが最終的に行き着くのは、胃袋。みぞおちのあたりが暖かく、重く、そして柔らかくなっていくことをイメージし、それを体に言い聞かせます。すぐに反応を感知することはできませんが、「なんとなく」感じるように努めます。

こうしたイメージトレーニングを積むと、試合前のルーティーンも短時間で完結できるようになりました。最初は一〇分、二〇分とかかっていたのですが、最終的には一分以内に収めることができたのです。短時間でできれば、試合前のあわただしさのなかにあっても実行できるので、ルーティーンがさらに強化されました。

眠れない夜に使う「意識のペン」

さて、大事な予定があるのに前の晩に眠れない、などというときにお勧めの方法、それが「意識のペン」を使うことです。

これは、頭のなかでペンをイメージし、それで体のラインをなぞっていく、というもの。頭の先から首と肩へ、そして腕から指先へとなぞり、一周まわって頭に戻ってくる。これを行うと、気持ちが落ち着いてくるのです。繰り返しトライしてみると、僕は三週間でできるようになりました。

慣れてくると、「意識のペン」がスムーズに動くようになります。こうして気持ちを落ち着かせることができるようになると、ベッドに入るとすぐ、すーっと深い眠りに落ちていきます。

なかなか寝付けないのは、心配事があったりして神経が過敏になってしまっているからです。つまり、頭が働き過ぎているということ。そこで「意識のペン」を使い、頭ではなく、体に意識を移行するのです。

すると、あら不思議。スムーズに眠りに就くことができます。

眠れないのは集中力が増した証拠

ただ、スポーツの試合やビジネスの晴れ舞台には、強烈な興奮や緊張が付き物ですから、前日にどうしても眠れないということは、もちろんあります。ただ、これも不確定要素の一つとして、むしろ利用してやりましょう。

そんな不確定要素を想定して、いざというときにあわててしまわないよう、現役時代の僕は、わざと寝ないで練習するときがありました。極端な場合、わざと二日酔いで練習したこともあります。そうやって、コンディションが最悪の場合を想定したトレーニングをしておけば、ちょっとやそっとのアクシデントに遭ってもへっちゃらです。

もちろん、寝不足や二日酔いの状態で練習しても、満足のいく結果は出ません。が、試合で多少、コンディションが悪くても、「あのときよりも調子はいいぞ」と思えるのは確か。極端に体調が悪い状態で練習してみると、技術上の新しい発見すらありました。

さすがに二日酔いで試合に臨むことはありません。が、試合前日に眠れないということは多々ありました。そのときのために睡眠不足で練習し、実際、とても役に立ちました。

また、眠れなかったときの考え方も重要です。「試合なのに、昨日はぜんぜん眠れなかった、どうしよう」と考えるのではなく、「大事な勝負の前には眠れないこともある、闘争心が増している証拠だ」、そう考えるのです。

そもそも眠れないというのは、それだけ試合に集中しているということ。いいイメージがあふれてきて、プラス思考ゆえに眠れない、ということだってあるはずです。

「眠れなかったから、いいパフォーマンスを発揮できない」ではなく、「集中力がアップしたから眠れなかったのだ」と考えるようにしていました。

読者の方々も経験があると思いますが、寝不足のときには肌が熱を持ったような感じになり、皮膚の感覚が敏感になっています。少なくとも僕はそうでした。つまり、神経が張り詰めているわけです。

これは「神経が研ぎ澄まされている」ことの証拠となるのではないでしょうか。こうして神経が鋭敏になれば、勝負どころの微細なポイントを見逃すことはありません。

僕は試合前に眠れずとも、「逆に神経が研ぎ澄まされていいぞ」と考えた。もちろんこれは、開き直りでもあります。しかし一般論としては、「これだけ大事な大勝負の前にグッスリ眠れる人間がいたら、むしろ神経が鈍感なんだ」と思うくらいでいいと思います。

僕も出演させていただいたことがあるバラエティ番組『めちゃ×2イケてるッ！』の特番の際には、メイン出演者のナインティナイン・岡村隆史《おかむらたかし》さんが、前日に寝ないという独自の調整法を行っているといっていました。

実際に出演してみて感じたのは、岡村さんがもの凄く優しくて、目配りや気配りができる人だということ。生まれ持った繊細さが発揮されている、という面もあるのでしょうが、そこには「徹夜ルーティーン」の効果もあったのかな、と思っています。

常識を信じない「素人」になれ

「眠れなかったとしても、それは神経が研ぎ澄まされた結果だ」――そういう発想ができたのも、僕が常に「もっと成長するにはどうしたらいいか」と考え続けてきたからだと思います。

そうしてきた理由も、やはり僕が喘息だったからです。喘息は苦しい病気ですから、それを治すにはどうすればいいのか、いつも考えていましたし、どの薬が最も効くのか、いろいろと試してもみました。

発作が起きたときは安静にしているのが本当にいいのか、喘息のあるアスリートは発作を起こさないためにどの程度の練習量をこなせるのか……プラスアルファの実践には、いままでの常識とは違った考え方をする必要がありました。

常識の範囲内のことであれば、誰かが知っていて、教えてくれる。そうではなく、まだ他人が気づいていない、自分なりのやり方を作っていきたかったのです。

スケート以外の分野からヒントを得たり、常識とは逆の発想をしてみることも大事でした。高校生のときには、速く滑るためのヒントがあるかもしれないと思い、わざと遅く滑るトレーニングをしたほどです。

過去の人たちがやってきたことをなぞるだけでは、その人たちを超えることはできません。伝統的なトレーニングメニューは、基本を身に付けるためにはいいと思うのですが、それだけでライバルより抜きん出ることは難しいのです。

僕の目標は世界新記録を出すことであり、オリンピックで勝つことでした。だから先人やライバルたちには負けられないのです。

仕事や日常生活でも、常識にとらわれない豊かな発想は大事だと思います。常識にとらわれないためには、「素人《しろうと》」でいることも大切でしょう。「玄人《くろうと》」とは、過去の常識をよく知っている人間。それよりも僕は、自由に発想できるスケートの「素人」であろうとしたのです。

僕が出した世界新記録は、三四秒三二――これも、かつては常識はずれの数字でした。高校時代には、五〇〇メートルでの人間の限界タイムは、三五秒台だとされていました。ちなみに当時の世界記録は、三六秒台です。

しかし、僕は常識にとらわれなかったからこそ、その限界を超えてやろうと考えたのです。三五秒台を狙い、それをクリアすると、世界新の三四秒三二を達成。できることなら、三三秒台を達成したかったくらいです。世界新記録が出せたのも、僕がスケートの「素人」を目指したからかもしれません。

常識は覆せるものです。そして、常識を覆せば、それが新たな常識になる。これは、職人技や商品開発、あるいはセールスやマーケティングの手法、そして趣味の世界でも同じことではないでしょうか。日々、工夫《くふう》をしながら新しいルーティーンを編み出し、進化し続けたいものです。

付け加えておくと、僕が介護の仕事でお会いする年輩の方々を見ていると、新しい分野にトライし続けている人は若々しい印象があります。さらに、認知症の問題からも縁遠いようです。やはり、人生は「探検」です。そして、自分自身のルーティーンさえ確立していれば、「遭難」することはありません。

実際、僕が出演した旅番組を観て旅に行きたいと思い立ち、車椅子が必要だった人がリハビリに励み、旅を実現したという例もあります。

集中力をオフにする必要性

さて、様々なルーティーンを使って集中力を高めてきた僕ですが、だからといって二四時間、三六五日、ずっと集中して生きてきたわけではありません。

一人でいるときにはボーッとしていることも多いですし、親しい友人と遊びに行ったり、飲みに行ったときには、意識して集中力をオフにします。いや、オフというよりも、むしろ「集中力がマイナスの状態」といったほうが正確かもしれません。こういうときは、話をしていても、ただ相槌《あいづち》を打つだけ、実はまったく話を聞いていない、などということもあります。

練習や仕事の時間は徹底的に集中し、家ではしっかり休む。簡単にいうならメリハリです。集中力を消して脱力している時間があるからこそ、いざスイッチを入れれば人並み以上の集中力が発揮できるのです。

ちなみに現役時代の僕は、休みの日には家から一歩も出ませんでした。これもメリハリで、休日はひたすら体のケアと疲労回復を考えていたのです。おかげで当時の彼女には呆《あき》れられてしまいましたが……。

自分と向き合う「無音の時間」を

こんな僕は、現役時代から、「無音の時間」を作るようにしていました。いまでも定期的に作るようにしています。

外から帰ってきた部屋ではテレビを点《つ》けず、音楽を流さないで、携帯も見ない……そうやって何もない状況を作り出し、静かに自分と向き合って、五分でもいいので自問自答するのです。

このときは目や耳から余計な刺激が入ってきません。ここまで書いてきた、神経に刺激を与えて脳に何某《なにがし》かのイメージを伝えるやり方とは、正反対のものです。

この「無音の時間」には、自分の心の奥底に入っていけるような気持ちになります。そうして、いまの自分がやるべきこと、足りないもの、などを見つめ直します。

といっても、いわゆる瞑想《めいそう》とは違います。なぜなら頭のなかを空っぽにすることはないからです。あまり厳格に考える必要はありませんので、読者の方々も生活のなかに取り入れてみてください。

こうして部屋でテレビやステレオを点けていなくても、外から何かしらの音は聞こえてくるものです。風に揺られて木の葉がこすれ合う音もあれば、道を走る車の音も聞こえてきます。不思議なことに、その程度の音であれば、ちょうどいいノイズになって、逆に集中しやすくなるのです。

僕は現役時代、頻繁に海外遠征を行っていましたから、当然、飛行機に乗ることも多くなります。それが格好の「無音の時間」でした。機内が暗くなり、周りの乗客は寝てしまって、ゴーッというエンジン音だけが聞こえる。そういうときに自分と向き合い、自問自答する。いわば、「飛行機に乗ったら静かに自分のことを考える」を、ルーティーンにしていたということです。

そういう時間を作ることで、集中力を養うことができますし、これまでは思ってもみなかった発見をすることもあります。京都の「哲学の道」ではないですが、学者や発明家は、道を歩いているときに新たな発想や発見が浮かんでくることがあるといいます。それと同じことを、僕は飛行機のなかでやっていた、ということでしょう。

飛行機を使っての出張が多い方などは、ぜひ、この「無音の時間」を試してみてください。出張先のホテルでやってみるのもいいですし、一人暮らしの方ならば家でもできるはず。そこから、意外な発見があるかもしれません。

弱点からわかる自分の武器

さて、僕が講演会などでよく受ける質問が、「自分は何をしたいのかわからない」「何のために生きているのかがわからない」というものです。そうした悩みを持つ人は、決して少なくないでしょう。就職や進学を控えた学生さんにも、「夢を持てというけれど、自分にはやりたいことが見つからない」と悩む人が多々いるようです。

そんな質問を受けたときに、僕はこう答えます――「まずは自分の弱点を考えてみるといいですよ」。弱点をとことん探求してみれば、その逆が何なのかが浮き彫りになるのではないでしょうか。そうして自分の個性、すなわち弱点と裏腹の武器が見えてくれば、それを活かして生活する術《すべ》も自ずと見えてくるはずです。

自分の弱点を見極めることを、人生のルーティーンとすべきでしょう。

もちろん、弱点と向き合って克服することも大事なのですが、それは自分の生き方や目標を見つけてからでも遅くはないでしょう。そしてこの目標も、できるだけ具体的なほうがいい。モチベーションを高めて維持しやすいですし、結果、何かをやり遂げ、意義のある人生を送ることにもつながります。

僕は、漠然と「スケートを頑張る」のではなく、「長野オリンピックで金メダルを獲る」ことを具体的にイメージしていました。さらには、「金メダルを獲得して、みんなに感動を与えたい」とも思うようになっていました。

感動を与えるためには、ただ勝つのではなく、最高のパフォーマンスを見せることが必要です。それだけモチベーションも上がりました。

ルーティーンは人生の修行

ルーティーンの一般的なイメージは、「スポーツにおけるプレー中、あるいはプレー前の動作」といった感じだと思います。しかしそれは、何年もかけて試行錯誤《しこうさくご》した独自の創造物です。だからこそ、どんなシーンでも緊張を解いてくれるし、集中力を高めてくれるスイッチになるのです。

ラグビーの五郎丸歩選手にしても、あのポーズからキックの正確度が上がるのは、少年時代から何万回と繰り返してきたキックの練習があればこそ。ルーティーンはその成果を確実なものにしてくれる、というわけです。

　僕自身はメンタルトレーナーを付けたことはないのですが、それをきっかけとするのも有効だと思います。ルーティーンがある程度確立されていても、精神のコントロールは簡単なことではありませんから。

　ただ、ある段階からは、自分自身で自分独自のルーティーンを完成しなければなりません。人間は体も心も千差万別、万能の方法は存在しないのです。

　つまり、ルーティーンによって得られる成果というものには、それぞれの個性が関係してきます。加えて、そこには日常のすべてが関係しています。かしこまった言い方をすれば、ルーティーンは「人生の修行」。自分と向き合う行為の繰り返しといえるでしょう。

　だからこそ、成果はこれも千差万別ですが、ルーティーンは仕事や日常生活、そして人生を充実したものにしてくれます。僕は競技者として生きてきましたが、それは日々をよりよく過ごすための修行の延長線上にあったことなのかもしれません。

　自分の人生にどう向き合い準備するか——本書がそのヒントになれば、これほど嬉しいことはありません。

あとがき――アスリートの知識を国民全体の財産に

現在、僕は北海道札幌《さっぽろ》市で接骨をはじめとした治療を行う「ノース治療院」と、通所介護施設にリハビリ専門の訪問看護ステーションを併設する「リボンリハビリセンターみやのもり」を経営しています。人間の体についてより深く学ぼうと、二〇一五年からは弘前《ひろさき》大学大学院の医学研究科博士課程での勉強も始めました。

取材などでは、よく、「これだけの経験と実績をお持ちなのに、指導者にはならないのですか？」と聞かれます。もちろん選手の指導にも興味がないわけではありませんが、現時点の僕には、まずやるべきことがあると考えているのです。

難しいのは、指導者になってしまうと、その立場にしがみつくことになるかもしれない、ということです。日本のスピードスケート界では、専業のコーチというのはなかなか成立しません。大学でも無理で、専業コーチになるとしたら実業団くらいなのですが、その数は決して多くはありません。

それだけに、専業コーチになってしまうと、生活の糧《かて》である指導者の職を失わないことばかり気にしてしまうのではないかという危惧があるのです。

選手を育てる立場である指導者は、本来、利他的な仕事です。にもかかわらず、自分の立場を守るために利己的になってしまっては、本末転倒です。それなら、まずは経営者としてしっかり成功し、もし指導者になったとしても自分の立場や収入にこだわらず、選手の成長に自分を捧げられるようにしたいのです。

日本と外国のスポーツ選手の生き方や進路の違いも気になるところです。外国の選手は、競技そのもののなかから何を学ぶかを大事にしている印象があります。どんな競技であれ、究極の真剣勝負を行って得た経験や知識こそが財産だと考えるのです。

一方、日本では、競技での成功を通じてスポーツとは別のものを得ようとする傾向があると思います。スポーツで活躍すれば、高校や大学に推薦で入学できますし、大学で競技生活を終えたとしても、体育会系の学生は就職も有利。つまり、スポーツをすることが目的ではなく、進学や就職のための手段になりやすいのです。

また、あるとき中学生に、こんなことを聞かれた経験があります。

「清水さん、スポーツを頑張っても、将来、何も残らないのではありませんか？　お金にもなりませんよね？」

……こういう状況を、僕は変えていきたい。スポーツをやめたあとの出口を作りたいのです。

たとえば、リハビリ施設で働くスタッフとして、元スポーツ選手ほど打って付けな人材はありません。高いレベルでスポーツをやっていれば、ケガはつきもの。手術を経験する人も多いですから、リハビリ経験者もたくさんいるわけです。

また、筋肉や関節に対する知識も既に持っています。そういう人たちこそ、医療の分野で働くべきではないでしょうか。実際にリハビリを経験したことがあるからこそ、具体的な知識を持っているはずですし、患者さんと気持ちを共有して、より親身になることもできるはずです。

また、いまの日本では、医療費の抑制が大きなテーマになっています。そのため、国民の健康増進を目指して永続的にできるスポーツ、すなわち生涯スポーツを盛んにしていこうという流れもあります。そこでしっかりと指導できるのも、やはり、元スポーツ選手です。

元スポーツ選手が全国のリハビリ施設や医療施設で働いたり、本格的な知識と経験を元にした生涯スポーツの指導をする。すなわち、スポーツという入り口があるのなら、その出口も用意したい。そうなれば、オリンピックに向けた育成や強化などで税金を使う意味も大きくなります。

スポーツ選手に税金を使うことには、賛否両論があります。「国民に元気や希望を与えてくれるんだから、いいじゃないか」という声がある一方、「スポーツに税金を使うなんて、無駄遣いだ」という人も……なかには、「国民が払った金でオリンピックに出ているんだから、勝って当たり前だ」という極論すらあります。

税金を使うことに反対の声があるのは、競技を引退した選手が「一個人」に戻ってしまい、国民の財産として残らないからではないでしょうか。しかし、元スポーツ選手がリハビリや生涯スポーツなどの分野で活躍するようになれば、その存在は「国民の健康を支える財産」になります。税金を使ってスポーツ選手を強化、育成することが、国民の健康を支える財産を育てることにもつながるわけです。

そして、一流の元選手が子どもたちの指導にも携われば、次世代のアスリートがさらに強化されることにもなります。

スポーツ選手の育成が、そのまま国民の健康増進にもつながる。地域医療にも結びつく。そういうサイクルを作れないだろうか。こんな思いで、僕は治療院とリハビリ施設、そして訪問看護ステーションを経営しているのです。

二〇二〇年には、東京でオリンピック・パラリンピックが開催されます。二〇一五年にはスポーツ庁が開設されました。これから、スポーツは日本人にとってますます大きく、重要なものになっていくでしょう。

そういう時代だからこそ、アスリートたちがスポーツで経験したことを、たくさんの人たちに還元していく必要があると思います。そして本書に書いてきた「ルーティーン」こそが、まさにそれだと思います。

僕は本書を、そんな思いで執筆しました。そして、これまで僕を支えてくれた家族、スケート関係者、仲間やライバルたちに感謝して、筆を擱《お》きたいと思います。

二〇一六年六月

清水宏保《しみずひろやす》

清水宏保

1974年、北海道に生まれる。長野オリンピックのスピードスケート500メートル金メダリスト、1000メートル銅メダリスト。またソルトレークシティオリンピックでは500メートルで銀メダルを獲得。日本大学文理学部卒業。日本大学大学院グローバル・ビジネス研究科修了。2015年、国立大学法人弘前大学大学院医学研究科博士課程に進学。札幌市で、整骨院「ノース治療院」と通所介護施設に訪問看護ステーションを併設する「リボンリハビリセンターみやのもり」を経営。

著書には、『プレッシャーを味方にする心の持ち方』(扶桑社)、『金メダリストが考えた 世界一の腰痛メソッド』(マガジンハウス)がある。

講談社+α《プラスアルファ》新書 731-1 C

人生《じんせい》の金《きん》メダリストになる「準備力《じゅんびりょく》」
成功するルーティーンには2つのタイプがある
清水宏保《しみずひろやす》

2016年6月20日第1刷発行

発行者―――― 鈴木 哲
発行所―――― 株式会社 講談社
東京都文京区音羽2-12-21 〒112-8001
電話 編集(03)5395-3522
販売(03)5395-4415
業務(03)5395-3615
カバー写真―――― 山岸 伸
デザイン―――― 鈴木成一デザイン室
カバー印刷―――― 共同印刷株式会社
印刷―――― 慶昌堂印刷株式会社
製本―――― 牧製本印刷株式会社

定価はカバーに表示してあります。

落丁本・乱丁本は購入書店名を明記のうえ、小社業務あてにお送りください。

送料は小社負担にてお取り替えします。

なお、この本の内容についてのお問い合わせは第一事業局企画部「+α新書」あてにお願いいたします。

Printed in Japan
ISBN978-4-06-272942-0

講談社＋α新書

中国が喰いモノにするアフリカを日本が救う
200兆円市場のラストフロンティアで儲ける
ムウェテ・ムルアカ
世界の嫌われ者・中国から〝ラストフロンティア〟を取り戻せ！ 日本の成長を約束する本!!
840円 714-1 C

インドと日本は最強コンビ
サンジーヴ・スィンハ
天才コンサルタントが見た、日本企業と人々の「何コレ!?」——日本とインドは最強のコンビ
840円 715-1 C

血液をきれいにして病気を防ぐ、治す
50歳からの食養生
森下敬一
なぜ今、50代、60代で亡くなる人が多いのか？ 身体から排毒し健康になる現代の食養生を教示
840円 716-1 B

OTAKU《オタク》エリート
2020年にはアキバ・カルチャーが世界のビジネス常識になる
羽生雄毅
世界で続出するアキバエリート。オックスフォード卒の筋金入りオタクが描く日本文化最強論
750円 717-1 C

男が選ぶオンナたち 愛され女子研究
おかざきなな
なぜ吹石一恵は選ばれたのか？ 1万人を変身させた元芸能プロ社長が解き明かすモテの真実！
840円 718-1 A

阪神タイガース「黒歴史」
平井隆司
伝説の虎番が明かす！ お家騒動からダメ虎誕生秘話まで、抱腹絶倒の裏のウラを全部書く!!
840円 719-1 C

ラグビー日本代表を変えた「心の鍛え方」
荒木香織
「五郎丸ポーズ」の生みの親であるメンタルコーチの初著作。強い心を作る技術を伝授する
840円 720-1 A

SNS時代の文章術
野地秩嘉
「文章力ほんとにゼロ」からプロの物書きになった筆者だから書けた「21世紀の文章読本」
840円 721-1 C

ゆがんだ正義感で他人を支配しようとする人
梅谷薫
SNSから隣近所まで、思い込みの正しさで周囲を操ろうと攻撃してくる人の心理と対処法!!
840円 722-1 A

男が働かない、いいじゃないか！
田中俊之
注目の「男性学」第一人者の人気大学教員から若手ビジネスマンへ数々の心安まるアドバイス
840円 723-1 A

爆買い中国人は、なぜうっとうしいのか？
陽陽
「大声で話す」「謝らない」「食べ散らかす」……日本人が眉を顰める中国人気質を解明する！
840円 724-1 C

表示価格はすべて本体価格（税別）です。本体価格は変更することがあります